考古现场
多视角三维重建

刘建国 著

中国社会科学出版社

图书在版编目（CIP）数据

考古现场多视角三维重建 / 刘建国著 . —北京：中国社会科学出版社，2019.12（2020.8 重印）

ISBN 978 − 7 − 5203 − 5763 − 0

Ⅰ.①考… Ⅱ.①刘… Ⅲ.①三维—图象处理—应用—考古工作 Ⅳ.①K85 − 39

中国版本图书馆 CIP 数据核字（2019）第 289346 号

出 版 人	赵剑英
责任编辑	郭　鹏
责任校对	刘　俊
责任印制	李寡寡

出　　版	中国社会科学出版社
社　　址	北京鼓楼西大街甲 158 号
邮　　编	100720
网　　址	http://www.csspw.cn
发 行 部	010 − 84083685
门 市 部	010 − 84029450
经　　销	新华书店及其他书店
印　　刷	北京君升印刷有限公司
装　　订	廊坊市广阳区广增装订厂
版　　次	2019 年 12 月第 1 版
印　　次	2020 年 8 月第 2 次印刷
开　　本	710 × 1000　1/16
印　　张	8.25
字　　数	116 千字
定　　价	68.00 元

凡购买中国社会科学出版社图书，如有质量问题请与本社营销中心联系调换
电话：010 − 84083683
版权所有　　侵权必究

摘　　要

　　本书从田野考古与文化遗产保护现场的各种实例出发，系统地介绍多视角影像三维重建工作中相机使用、影像拍摄、数据处理与成果导出等的技术与方法，使田野考古同仁、学生等相关人员能够掌握要领，通过地面拍摄与无人机的低空拍摄，全方位地获取考古发掘现场、出土文物、考古遗址等的多视角数字影像，制作成具有真实纹理的三维模型，最后导出不同平面、立面、剖面的正射影像图、数字表面模型等数字成果，为考古学研究、文化遗产保护与博物馆虚拟展示等提供强大的数据支持。

目　录

第一章　前言 ……………………………………………………………（1）

第二章　多视角三维重建 ………………………………………………（3）
　　第一节　摄影测量原理 ……………………………………………（3）
　　第二节　中心投影影像的几何特性 ………………………………（4）
　　第三节　多视角影像三维重建 ……………………………………（6）
　　第四节　Agisoft Photoscan 软件操作流程 ………………………（7）

第三章　数字影像获取与增强处理 ……………………………………（24）
　　第一节　数字相机与数字摄影 ……………………………………（24）
　　第二节　数字影像增强处理 ………………………………………（39）

第四章　考古遗址的三维重建 …………………………………………（47）
　　第一节　大疆精灵4系列无人机设置 ……………………………（47）
　　第二节　平坦地域的遗址拍摄 ……………………………………（50）
　　第三节　山区遗址的无人机拍摄 …………………………………（54）
　　第四节　三维重建与坐标系设置 …………………………………（57）
　　第五节　数字表面模型分析 ………………………………………（63）

· 1 ·

第六节　小结 …………………………………………………… (67)

第五章　考古发掘现场的三维重建 …………………………………… (69)
　　第一节　探方与探沟的三维重建 ……………………………… (69)
　　第二节　墓葬的三维重建 ……………………………………… (76)
　　第三节　石窟的三维重建 ……………………………………… (82)
　　第四节　复杂考古发掘现场的三维重建 ……………………… (87)
　　第五节　小结 …………………………………………………… (90)

第六章　可移动文物的三维重建 ……………………………………… (92)
　　第一节　石刻佛像的多视角影像拍摄 ………………………… (93)
　　第二节　可移动文物的测量控制板及其精度分析 …………… (98)
　　第三节　外形复杂文物的多视角影像拍摄 …………………… (101)
　　第四节　导出非坐标轴方向的正射影像图 …………………… (103)
　　第五节　特殊情况下文物的拍摄与数据处理 ………………… (106)

第七章　砖塔类文物的三维重建 ……………………………………… (112)
　　第一节　现场数据获取 ………………………………………… (112)
　　第二节　三维重建与成果导出 ………………………………… (115)
　　第三节　小结 …………………………………………………… (122)

第八章　结语 …………………………………………………………… (123)

第一章　前言

考古研究和文化遗产保护、展示工作中，面对千变万化的各种文物、遗迹、遗址及其周边环境，通过图形、影像等二维展示方式，很难使人们获得完整的空间关系信息。同时，考古发掘工作中，发掘过程是一个不可逆的破坏过程，为了获取地面下层的遗迹、现象与遗物的信息，必须以破坏上层的地层、现象为代价，所以考古发掘过程中关键阶段发掘区的三维重建更显得尤为重要。

考古调查、发掘工作中面对的发掘现场、出土文物、考古遗址等往往面积很大或外形复杂，使用传统测量技术很难准确把握这类文化遗产的空间特征信息，测量与绘图工作难度巨大。而运用多视角三维重建技术，通过地面拍摄与无人机的低空拍摄，可以全方位地获取考古发掘现场、出土文物、考古遗址等的多视角数字影像，制作成具有真实纹理的三维模型，最后导出不同平面、立面、剖面的正射影像图、数字表面模型等数字成果，为考古学研究、文化遗产保护与博物馆虚拟展示等提供强大的数据支持。

人们生活在三维空间中，熟悉三维空间中事物的存在方式。所以三维信息的展示最符合人们的习惯。随着考古学研究和文化遗产保护的不断深入，以及三维信息分析处理方法的飞速发展，考古工作中全方位空间信息的获取显得越来越重要。

为此，文物、考古研究中先后引进了近景摄影测量与三维激光扫描等技术，用于对考古遗址、发掘区域、石刻、造像乃至器物进行三维信息提取，生成地面或石刻、造像、古建筑立面的各种线划图、等值线图、数字高程模型、正射影像图和数字三维模型等产品，满足各种文物考古工作的需要。

　　三维激光扫描技术获取的数据点数目巨大，点云与影像纹理的拟合难度大，后期贴模需要大量的时间。昂贵的设备成本与复杂的技术难度，使三维激光扫描技术无法在考古与文保领域得到广泛的运用。

　　多视角影像三维重建技术的设备成本和操作难度都较低，能够自动生成点云和纹理，而且点云与纹理严格对应，精度很高，建模效果很好，能够节省大量的人力、物力和时间，近年来在文博、考古领域得到了极大的重视，已经成为田野考古与文化遗产保护现场空间信息获取的主要手段。

　　本书从田野考古与文化遗产保护现场的各种实例出发，系统地介绍多视角影像三维重建工作中相机使用、影像拍摄、数据处理与成果导出等的技术与方法，使其能够更好地融入文博、考古工作的各个过程之中，充分发挥多视角影像三维重建技术的优势。

第二章 多视角三维重建

第一节 摄影测量原理

摄影测量是利用光学摄影机获取的影像，经过处理以获取被摄物体的形状、大小、位置、特性及其相互关系。摄影测量的主要任务是用于测制各种比例尺的地形图，建立地形数据库，为各种地理信息系统、土地信息系统以及各种工程应用提供空间基础数据，同时服务于非地形领域，如工业、建筑、生物、医学、考古等领域。[①]

传统的摄影测量学是利用光学摄影机摄取相片，通过相片来研究和确定被摄物体的形状、大小、位置和相互关系的一门科学技术。它包括的内容有：获取被摄物体的影像，研究单张相片或多张相片影像的处理方法，包括理论、设备和技术，以及将所测得的结果以图解的形式或数字形式输出的方法和设备。其主要任务是测制各种比例尺的地形图、建立地形数据库，为地理信息系统、各种工程应用提供基础测绘数据。随着数字摄影与计算机等技术的不断发展，数字摄影测量、倾斜摄影、多视角三维重建等技术应运而生，在多个领域发挥着极其重要的作用。

数字摄影测量是基于数字影像与摄影测量的基本原理，应用计算

---

① 龚涛编著：《摄影测量学》，西南交通大学出版社2014年版。

机技术、数字影像处理、影像匹配、模式识别等多种学科的理论与方法，提取所摄对象用数字方式表达的几何与物理信息的摄影测量学的分支学科。数字摄影测量是根据人眼双目视觉原理，在被测物体前的两个已知位置摄取两幅数字影像，然后在计算机软件支持下量测左右影像上同名像点的影像坐标，交会得到空间点的三维坐标。由于左、右影像是同一个空间物体的投影，因此利用影像上任意一对同名点都能交会得到一个对应空间点的三维坐标。数字摄影测量能够生成数字地面模型（DTM）与正射影像图，自动绘制等值线、数字纠正产生正射影像及生成带等值线的正射影像图等。

倾斜摄影技术是国际摄影测量领域近十几年发展起来的一项高新技术，该技术颠覆了以往正射影像只能从垂直角度拍摄的局限，通过从一个垂直、四个倾斜的五个不同的视角同步采集影像，获取到丰富的建筑物顶面及侧视的高分辨率纹理。它不仅能够真实地反映地物情况，高精度地获取物方纹理信息，还可通过先进的定位、融合、建模等技术，生成真实的数字三维模型。该技术在欧美等发达国家已经广泛应用于应急指挥、国土安全、城市管理、房产税收等行业。[1]

第二节　中心投影影像的几何特性

照相机镜头的成像功能相当于一个凸透镜，拍摄的影像与被拍摄的景物是以这个凸透镜的中心为对称点的点对称关系，照相机拍摄的影像为中心投影影像。

空间任意一点与某一固定点的连线，被一投影平面所截，则直线与平面的交点称为空间点的中心投影。中心投影与正射投影不同，由于被拍摄物体往往是高低起伏不平的表面，导致中心投影构成的影像

---

[1] 李安福、曾政祥、吴晓明：《浅析国内倾斜摄影技术的发展》，《测绘与空间地理信息》2014年第9期。

与实际物体不完全相似，没有统一的比例尺。当中心投影的物距无穷远时，投影光线与物面垂直，成为正射投影。

中心投影的成像规律：点的像仍然是点；直线的像一般是直线，有时为点；空间相交直线的像仍然为相交直线，其交点就是空间直线的交点；平面曲线的像一般为曲线，当包含曲线的平面通过投影中心时，则该曲线的像为一直线；不在同一平面内的空间曲线的像是曲线。

中心投影的航空影像上，由于地面点高出或低于基准面，地面点在影像上的构象与该地面点在同一基准面上的正射投影点之间，存在因高差起伏引起的像点位移，称为投影差（图2.1）。当影像倾角小于3°时：

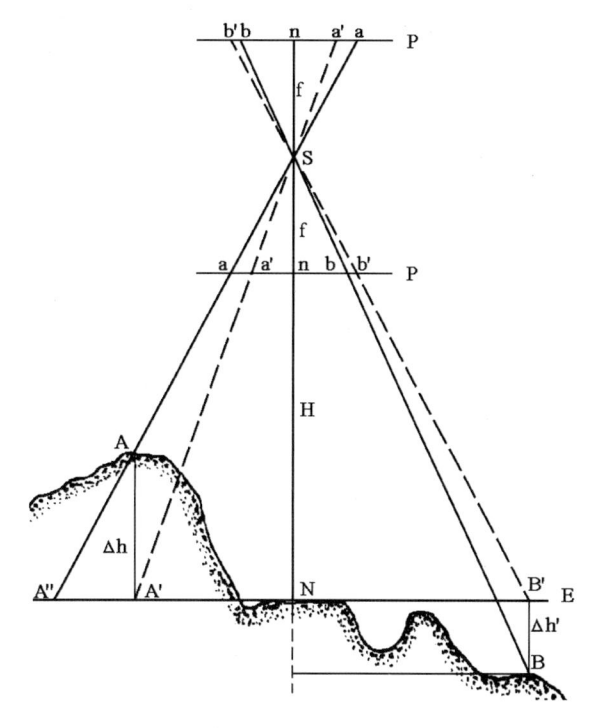

图2.1 摄影产生的投影差

$$\delta = \frac{r}{H} \cdot h$$

其中：δ为投影差，r为向径，即像点至像底点 n（主点）的距离，h 为地面点相对基准面的高差，H 为摄影航高。

根据投影差计算公式，得知影像像点的位移规律：（1）像点位移的大小，视地面物体与基准面的高差 h 而定，高差愈大，引起的像点位移也愈大，反之就小；（2）像点位移的大小与像点距主点的距离成正比：愈靠近影像的边缘，像点的位移愈大。当照相机严格垂直于一个平面进行拍摄时，平面上各点的高程起伏为0，理论上应该不会产生投影差。

在理想情况下，影像摄影瞬间投影中心 S、像点 a 和地物点 A 位于同一条直线上（图2.1），描述这三点共线的数学表达式称之为共线条件方程，是摄影测量学中最基本的公式之一。

第三节　多视角影像三维重建

从不同角度拍摄的、有一定重叠的两幅影像，重叠区域内的每个明显地面点都可以与两幅影像内的像点和摄影中心分别建立共线条件方程，当大量的共线方程建立之后，便可以计算那些明显地面点的相对坐标。当相互重叠的影像数目不断增加，且覆盖某一个空间实体时，理论上就能够建立这个空间实体的相对三维模型。当空间实体设置三个以上控制点一起建立三维模型时，根据控制点的三维坐标就能够把空间实体放置在特定的坐标系中，使空间实体上所有的点都具有三维坐标。这一工作过程就是多视角影像三维重建，或称倾斜摄影。

多视角影像三维重建技术是以普通数字相机作为影像获取工具，从不同角度围绕被拍摄物体获取多幅数字影像，相邻影像保证60%以上的重叠。然后根据计算机视觉和数字摄影测量原理，在高性能计算机中对获取的全部数字影像进行相互匹配，生成被拍摄物体的表面三维点云，再自动生成纹理后得到具有真实纹理的三维数字模型。

运用多视角三维重建技术，可以制作从几厘米石器制品到边长数千米大型考古遗址的三维模型，自动生成真实纹理，通过三维坐标的控制点对三维模型实施控制之后，使模型上每个点都有准确的三维坐标，方便测量距离、面积和体积。最后导出通用格式的三维模型、各平面、立面和断面正射影像图、数字表面模型（DSM：Digital Surface Model）等数字成果。目前常用的多视角三维重建软件有Agisoft Photoscan、Smart 3D、Pix4Dmapper等等。

多视角三维重建的特点是拍摄多幅数字影像，最好是每个小区域都有从三个不同角度拍摄的影像。所以数据采集中为了避免遗漏，往往需要高重叠、高冗余地拍摄数字影像，提高了拍摄成本，也对进行数据处理的计算机硬件有较高的要求。所以如何以最少的影像数量，无遗漏地拍摄好一个考古遗址或文物的多视角影像就显得尤为重要，需要拍摄人员熟练地使用性能较好的数字相机，制定并实施合理的拍摄方案，才有可能高质量地拍摄好每一幅数字影像。

由于运动目标在相邻影像上的位置不一样，无法进行多视角三维重建，除非使用多架照相机同时拍摄获取数字影像。较强和较弱的反射区域、无纹理区域拍摄的影像反差太小，计算机软件往往无法自动识别特征点进行匹配运算，也不能完成三维重建工作。所以玻璃器、玉器、瓷器等表面光滑无纹理的器物，往往无法进行多视角三维重建。

第四节　Agisoft Photoscan 软件操作流程

一　Agisoft Photoscan 软件简介

Agisoft Photoscan 软件由俄罗斯 Agisoft 公司开发，能够基于数字影像自动生成高质量三维模型，操作比较简单，避免了相对定向、绝对定向、空三加密等专业词汇，而且价格低廉，颇受欢迎。

  Agisoft PhotoScan 软件根据最新的多视角三维重建技术，能够对空中或地面不同角度拍摄的数字影像进行处理，无须设置初始值，无须相机检校，无须控制点，就可以生成具有真实纹理的数字三维模型。通过 3 个以上三维坐标控制点则可以将三维模型安置在坐标系中，生成具有真实坐标的三维模型，最后根据三维模型导出高分辨率的数字正射影像图、数字表面模型等数字成果。整个三维重建工作流程中，影像定向与三维模型重建等过程都能够完全自动化运行，非理工科专业背景的人员也可以在计算机上处理成百上千幅数字影像，生成专业级别的数字三维模型和正射影像图等等。

  三维重建的速度与影像数目和计算机处理能力密切相关，对于八代 i7 的四核 CPU（Central Processing Unit，即中央处理器）来说，一次（2 小时左右）可以处理 200 幅以内 2400 万（6000×4000）像素的影像，超过 200 幅影像时应该把像素降到 600 万（3000×2000）像素，一次处理的影像数目最好不超过 800 幅。对于功能强大的图形工作站而言，一次可以处理 1000 余幅 2400 万像素的数字影像（不过处理时间较长）。

  Agisoft Photoscan 软件不同版本的功能有一些差异，1.2.0 版前后的差别主要是"工作流程"菜单有一些不同，1.4.0 版之后增加了测量功能。从三维重建方面来说，1.1.x 版建模效果似乎最佳，1.2.0 之后高版本软件三维重建的处理速度很快，但是往往建模效果不是很理想，而且导出正射影像图时不如低版本方便。所以本书主要以 1.1.6 版为例进行介绍。1.2.0 之后高版本软件处理中，需要首先将模型数据保存成 psx 格式，然后分别运行"工作流程"菜单中的"Build DSM"和"Build Orthomosaic"，最后才能导出数字表面模型和数字正射影像图。

Agisoft Photoscan V1.1.6 首次安装后显示英文界面，需要在"Tools"菜单的"Preferences"中选择语言、背景等选项（图2.2）。当三维模型的色调与背景色调比较靠近的时候，应该更换背景色调。

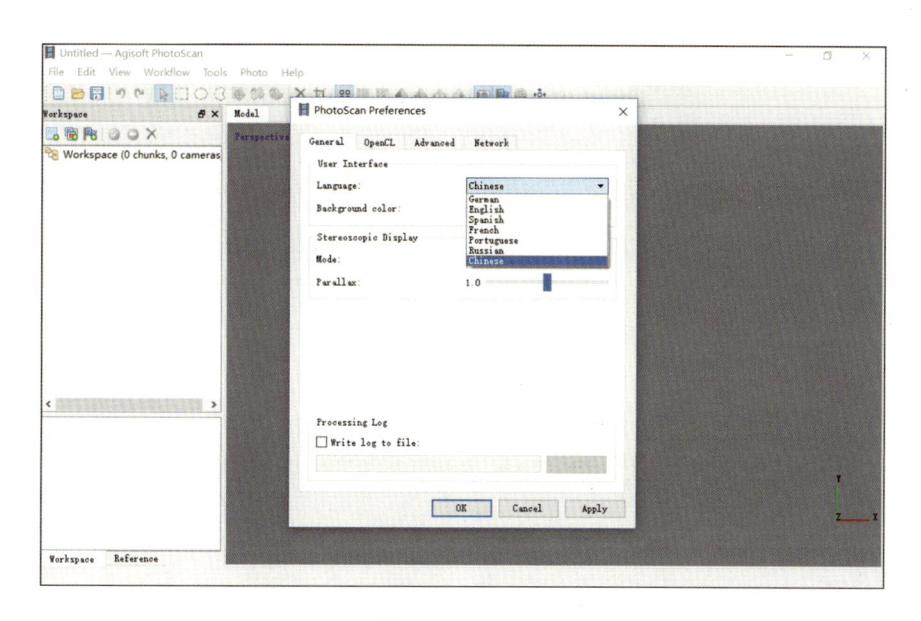

图2.2 选择语言、背景的面板界面

为了提升运行速度，可以启动显卡运算。在"OpenCL"选项中选择显卡，同时调整"激活CPU内核"数目为一半左右即可（图2.3）。各项设置完成后关闭软件重新运行，就会显示中文界面。

通过"OpenCL"选项中启动显卡运算之后，处理速度的确有所改善，但是Windows 10系统下在生成密集点云时往往会出现多处点云空洞（图2.4a中四角和上部点云缺失），不启用显卡运算时处理结果正常（图2.4b）。而Windows 7系统处理时没有出现类似情况。

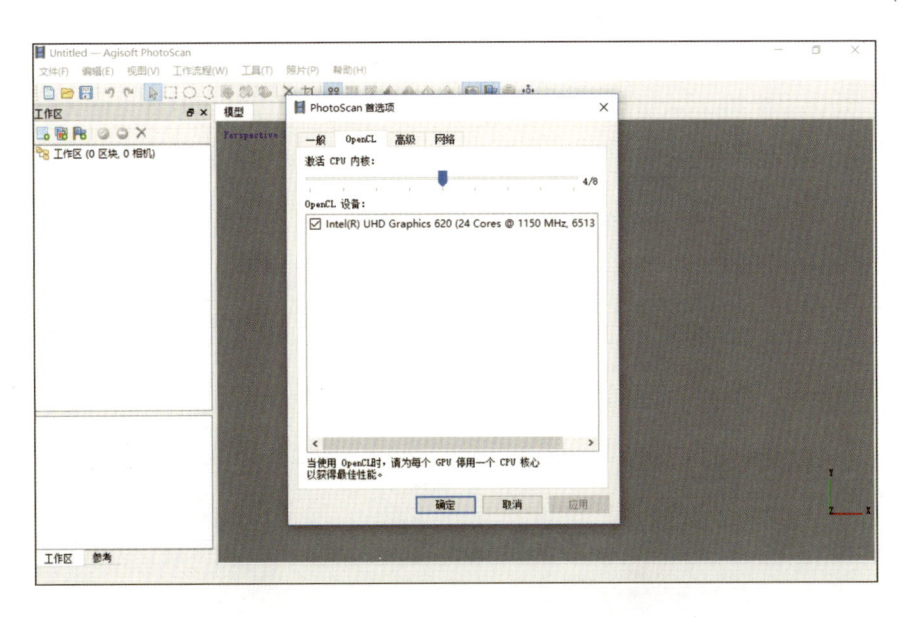

图 2.3　设置显卡运算的面板界面

a 启用显卡运算　　　　　　　　b 关闭显卡运算
图 2.4　启用显卡运算与关闭显卡运算生成的密集点云

二　Agisoft Photoscan 软件操作

运行 Agisoft Photoscan 软件之后，右键单击"工作区"弹出对话框"添加堆块"，左键单击选择，工作区中出现"Chunk 1"。再右键单击"Chunk 1"，弹出对话框后选择"添加照片"，打开存放数字影像的文件夹，选择用于三维重建的全部影像后确认即可（图 2.5）。

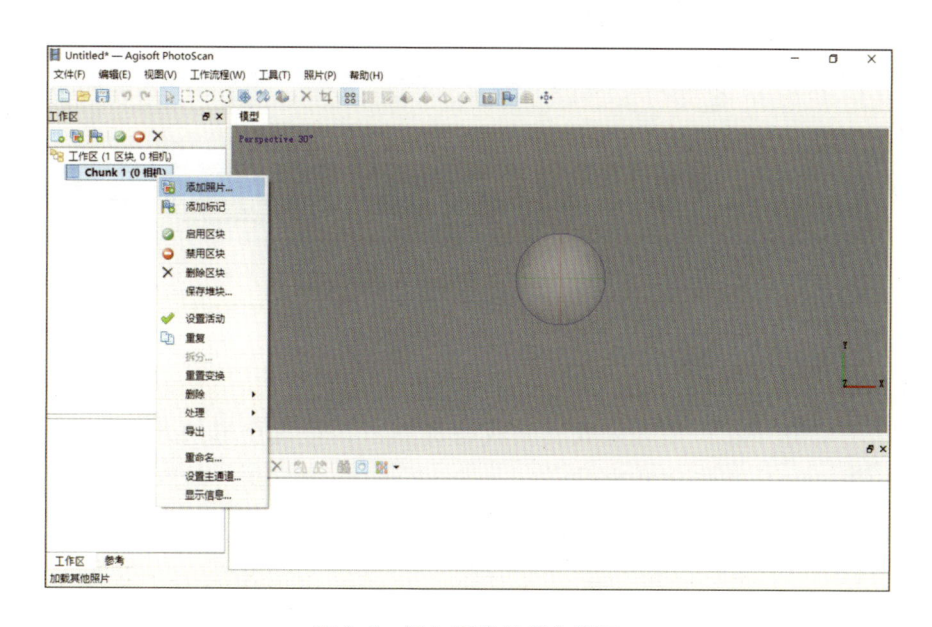

图 2.5　添加影像的操作界面

三维重建的过程就是依次运行软件"工作流程"菜单中的"对齐照片"、"建立密集点云"、"生成网格"、"生成纹理"四个步骤（图 2.6）。其中"对齐照片"面板比较简单，其中"精度"选项选择"高"或"中"均可，一般选择"高"。"成对预选"的选项一般选择"通用"时处理时间较短，选择缺省的"已禁用"选项处理时间较长，而且很多时候处理结果没有发现明显差别，所以只有在选择"通用"选项处理效果有问题时，比如有很多影像没有对齐，再考虑

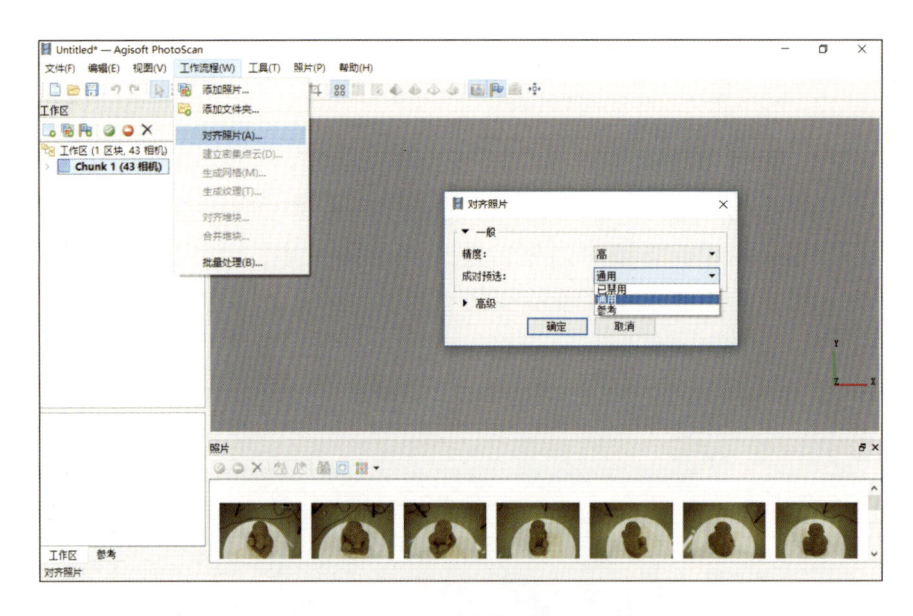

图2.6 "对齐照片"的操作面板

"已禁用"选项。

"对齐照片"处理完成后生成稀疏点云，首先点击展开工作区中的 Chunk 1，查看"相机（x，y对齐）"的括号中两个数字是否一致（图2.7），其中第一个数字 x 是参与处理的影像数目，第二个数字 y 是已经"对齐"的影像数目（其中"相机"应该理解为"影像"）。如果第二个数字 y 小于第一个数字 x，说明有一些影像没有"对齐"，或者说没有被确定相对空间关系，不再参与后续处理，往往会影响局部三维重建的效果。出现这种情况后需要展开"相机"查看没有"对齐"的影像位置，如果连续多幅影像没有"对齐"，三维重建的效果肯定会受到影响，必须调整参数重新处理，或者补充拍摄一些影像后再进行处理。如果只是零散的几幅影像没有"对齐"，一般对三维重建结果不会产生什么影响。

即便是全部影像都已经"对齐"，还要查看显示的点云和影像位置（蓝色显示）是否合理，如果不合理则必须找出原因，删除或禁用

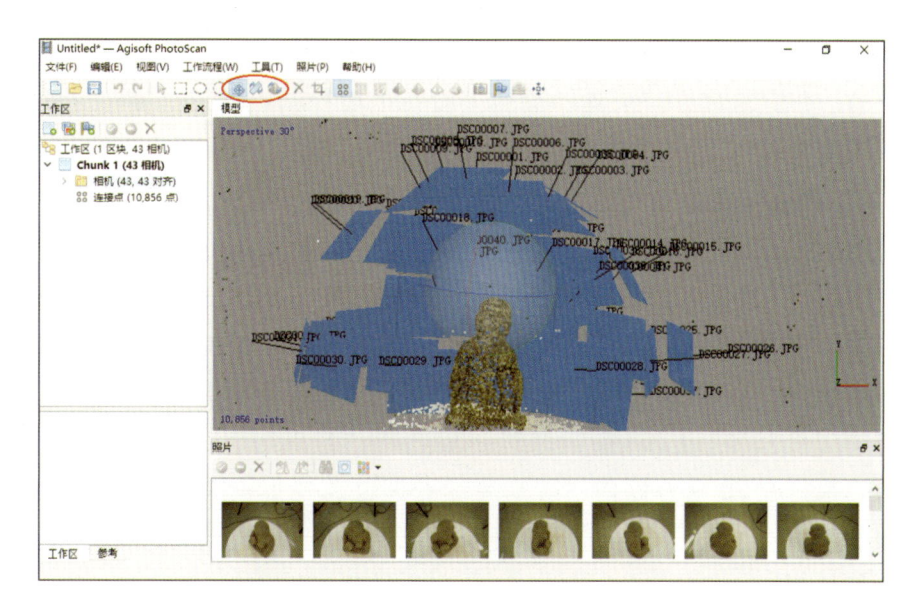

图2.7 稀疏点云及其调整工作区界面

不合理的影像。操作模型时摁住鼠标左键移动鼠标可以旋转点云和模型，摁住鼠标右键移动鼠标可以进行平移，转动滚轮可以放大或缩小点云和模型（没有鼠标时，可以通过两指并拢在触摸板上向左或向右滑动进行放大和缩小）。点云异常往往是由于拍摄角度不合理而造成的，必须找出产生异常的影像予以删除或禁用。

如果影像数目很多（如1000余幅），"对齐照片"后有很多成片的连续影像没有参与生成稀疏点云，选择不同参数处理后问题仍然存在。那么可以尝试将全部影像根据不同空间区域进行分组，各组影像分别添加到"Chunk 1"、"Chunk 2"等"堆块"中进行"对齐照片"处理，然后运行"工作流程"菜单中的"对齐堆块"与"合并堆块"，对合并后的堆块进行"建立密集点云"等后续处理。

根据图2.7红色椭圆线框内的工具，可以调整工作区域的大小与方向，调整好合适的工作区域，可以节省处理时间，生成的三维模型边界平直，区域完整。三个工具依次为"调整区域大小"、"旋转区域"、"旋转对象"，调整时一般与"视图"菜单的"预定义视图"中

· 13 ·

不同视图方向配合使用，以便调整后的工作区域与坐标轴的方向保持一致。"旋转对象"工具一般用于没有地面控制点的三维模型之中，三维模型建立后在坐标系中往往是倒扣的，需要参照预定义视图中"顶"的坐标系方向使用"旋转对象"工具进行调整。

"建立密集点云"时可以根据影像数目选择密集点云的精度，有"最高"、"高"、"中"、"低"、"最低"可供选择，一般不使用"最高"、"高"进行处理，否则需要花费大量的时间才能完成。一般影像数目50幅以内时，可以选择"中"，影像数目200幅以内时，可以选择"低"，超过200幅影像时一般选择"最低"。生成的密集点云数目最好在2000万以内，否则后续处理也需要很长的时间。如果生成的密集点云效果不好，噪点太多，则可以提升密集点云的生成精度重新处理。

"建立密集点云"后需要点击"密集点云"按钮才能显示密集点云（图2.8中右侧红框中部图标）。从不同角度查看密集点云有没有空洞，有没有漂浮在模型外面的噪点。如果有噪点，需要使用"矩形选择"等工具（图2.8中左侧红框中的图标）选取噪点后删除。使用选择工具时如果按压键盘的"Ctrl"键则增加选择，按压键盘的"Shift"键则减少选择，操作中灵活运用可以提高工作效率。

"生成网格"处理时，"表面类型"和"源数据"的选项可以分别是缺省的"任意"与"密集点云"。"面数"可以根据模型的复杂程度选择60~120万面。其中"高级"选项中的"插值"最好选择"推断"，不能使用缺省"启用的"，否则生成模型的边角会显得比较圆滑（图2.9）。

"生成纹理"操作中"映射模式"和"混合模式"均使用缺省选项"通用"和"马赛克"，纹理大小可以修改为6000~20000之间，如果准备导出纹理再使用其他软件进行加工，纹理大小最好使用1024的整数倍。纹理数目选择"1"，不要选择其他数值，更不能选择大于10的数值，否则生成纹理后的模型严重失真（图2.10）。

第二章 多视角三维重建

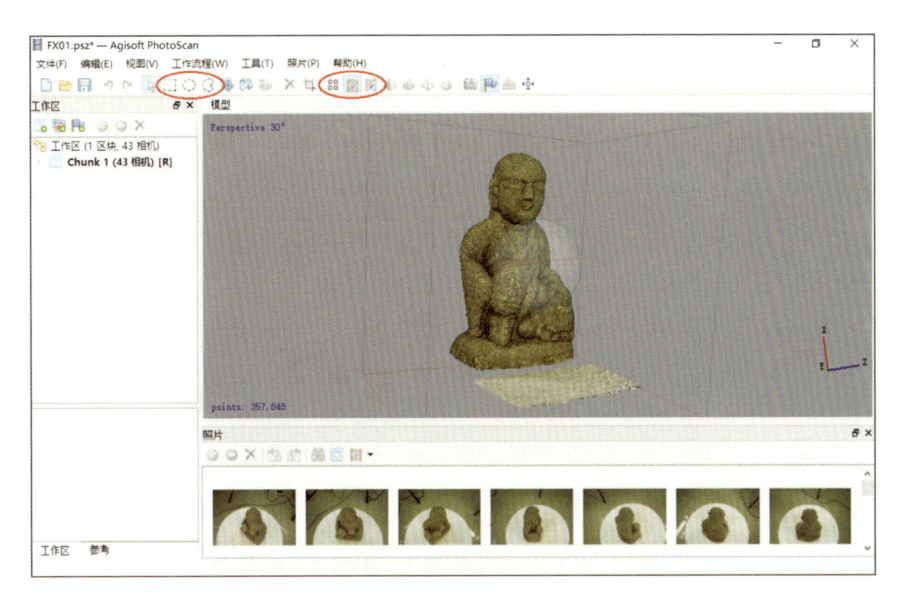

图2.8 佛像的密集点云

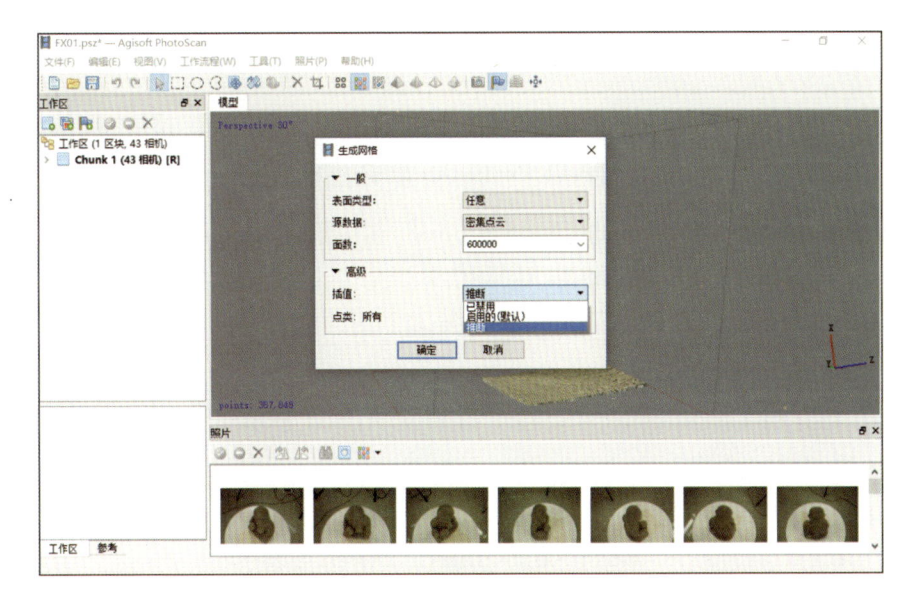

图2.9 生成网格的操作面板

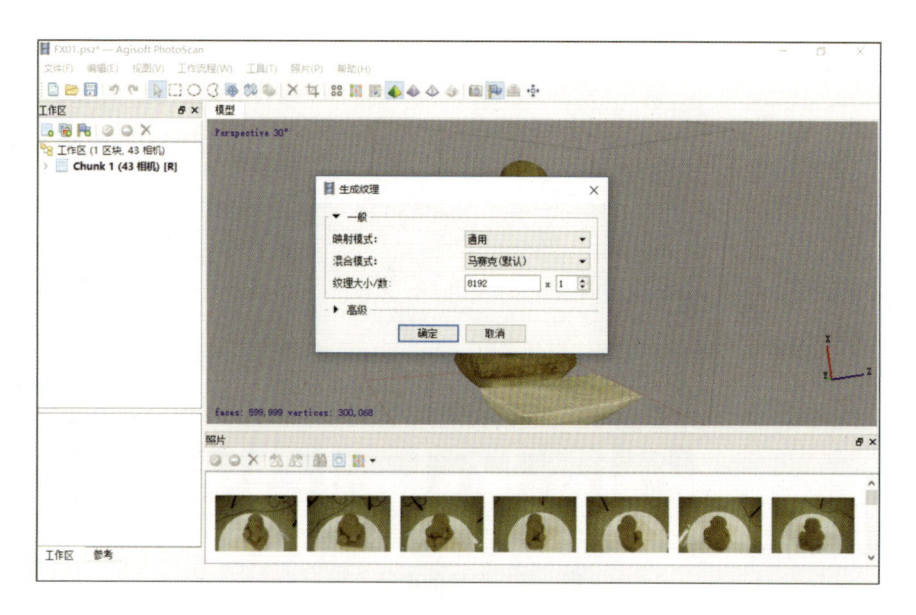

图 2.10　生成纹理的操作面板

　　Agisoft Photoscan 软件生成网格的效果较差，最好使用其他软件生成网格之后再导入到 Agisoft Photoscan 软件生成纹理。本书介绍开源的软件 CloudCompare 可以直接从网上搜索下载。

　　首先从 Agisoft Photoscan 软件中导出点云，点击"文件"菜单中的"导出点云"，出现选项面板（图 2.11），全部缺省选项确定即可（一般导出 obj 格式）。

　　再运行 CloudCompare 软件，打开从 Agisoft Photoscan 软件导出的 obj 格式点云文件，软件界面左上部"DB Tree"区域显示文件名和 vertices，点击 vertices 后，菜单"Plugins"（插件）的"Poisson Surface Reconstruction"（泊松表面重建）才可以操作（图 2.12）。点击后打开设置面板（图 2.13），最好根据图中的参数进行相应设置，点击"OK"运行处理。

　　处理完成后，"DB Tree"区域出现"Mesh［vertices］（level 10）"。

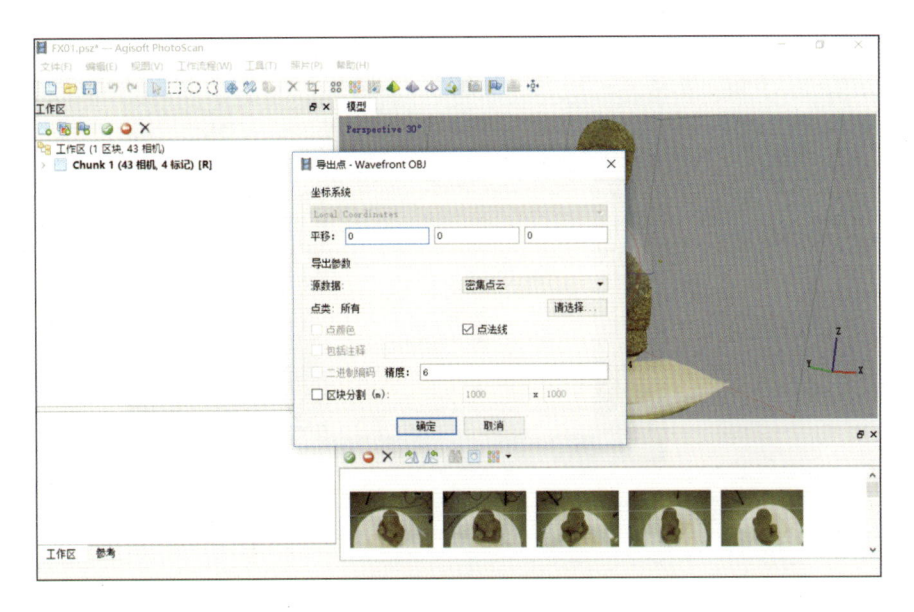

图 2.11 导出点云的选项面板

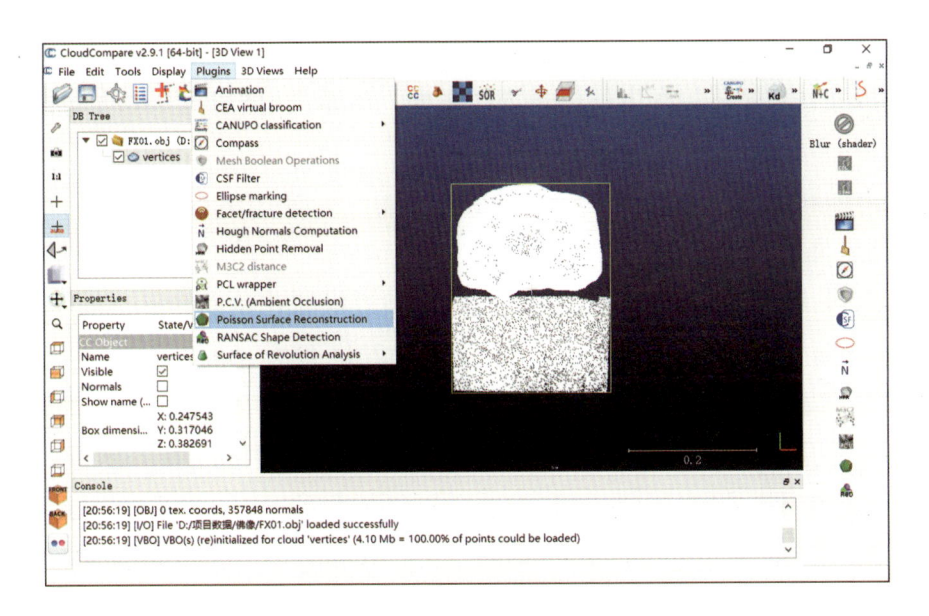

图 2.12 生成纹理的操作面板

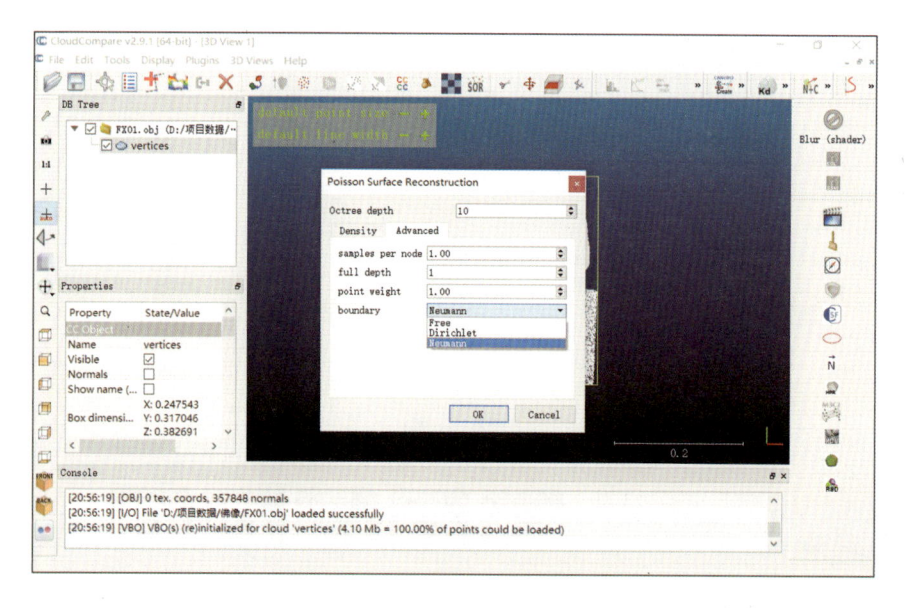

图2.13　三维重建的设置面板

点击"Mesh[vertices](level 10)"后保存网格模型，选择ply格式，输入文件名之后再次出现格式选择面板，选择"BINARY"即可（图2.14）。

最后在Agisoft Photoscan软件的"工具"菜单下运行"导入"→"导入网格"，选择CloudCompare软件导出的ply格式文件后点击"打开"导入。CloudCompare软件生成的网格边缘往往需要修整，Agisoft Photoscan软件中点击"网格"图标（图2.15红框中的图标），"模型"区显示素面三角网。使用矩形等选择工具从不同角度选择应该删除的部分后删除，再运行"工具"菜单下的"网格"→"消减网格"，把网格的数目控制在120万面以内，最后生成纹理完成三维重建工作。

通过多视角三维重建生成的三维模型一般没有绝对空间坐标信息，各点之间只有相对的空间关系，所以需要设置3个以上的控制点对三维模型实施坐标控制，一般每个三维模型设置4个三维坐标控制

第二章　多视角三维重建

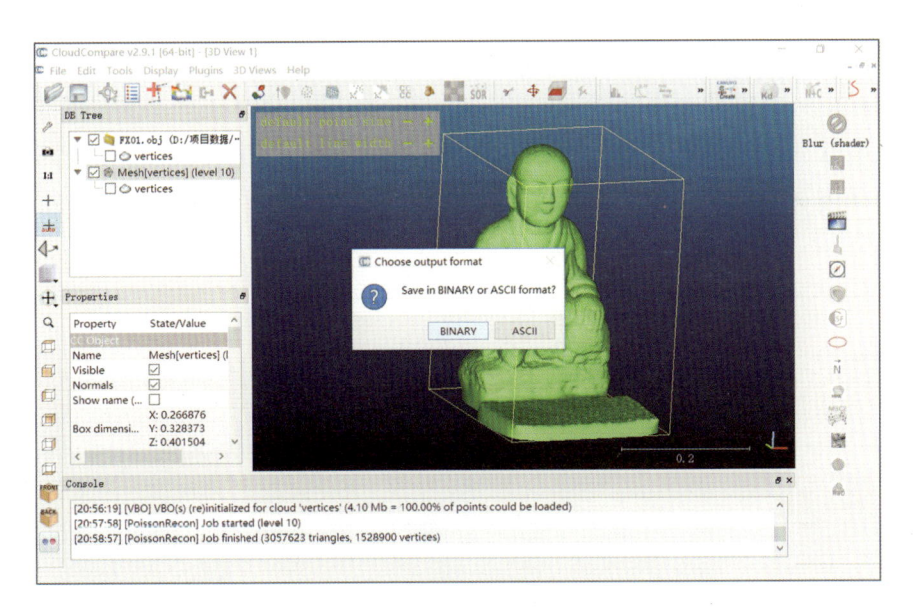

图 2.14　导出网格模型的选项面板

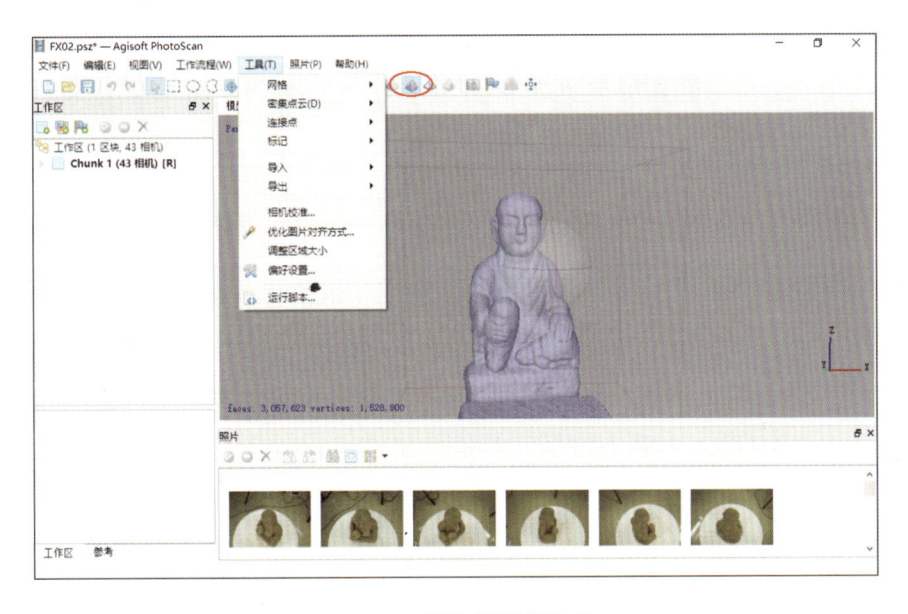

图 2.15　网格模型的处理

· 19 ·

点,以便进行精度评估。

在三维模型上标注控制点之前,最好将控制点所在的平面调整到轨迹球的中部以上位置,否则标注时控制点附近无法放大到合适的比例(图2.16)。

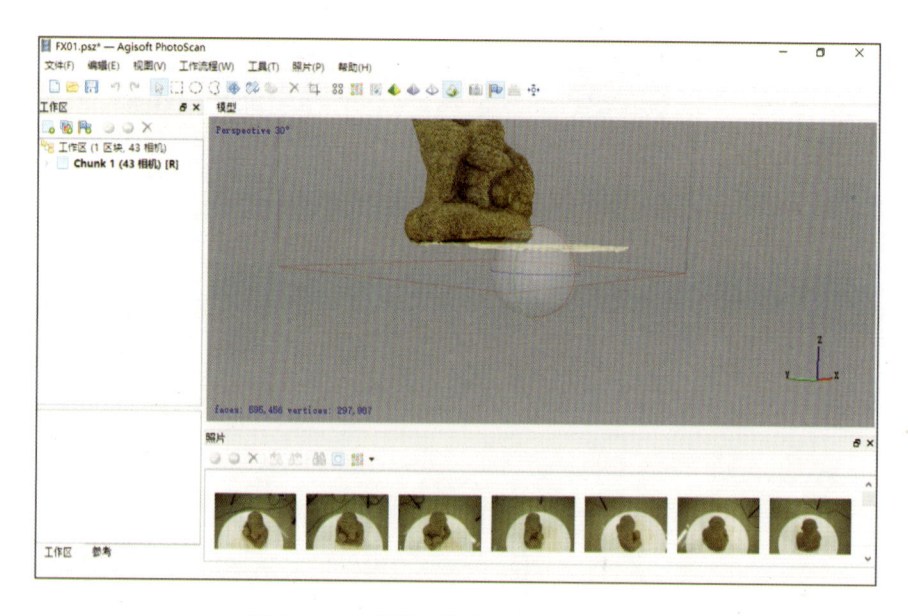

图2.16 三维模型与轨迹球的相对位置

标注控制点时,旋转模型调整好角度,将鼠标放在三维模型中控制点(选定的坐标纸格网)附近,转动滚轮进行放大,右键点击控制点(坐标纸格网中心)的中心位置,点击弹出对话框中的"创建标记"(图2.17)。同样方法标注其他控制点。

全部控制点标注完毕,点击软件界面左下角的"参考"面板,依次双击"point 1"、"point 2"等控制点的X、Y、Z栏,并分别输入测量的三维坐标数据,然后点击"设置"图标,完成三维模型的坐标系设置(图2.18)。输入三维坐标的时候需要特别注意的是电子全站仪与RTK的X、Y、Z坐标分别表示北坐标、东坐标、高程,软件中的

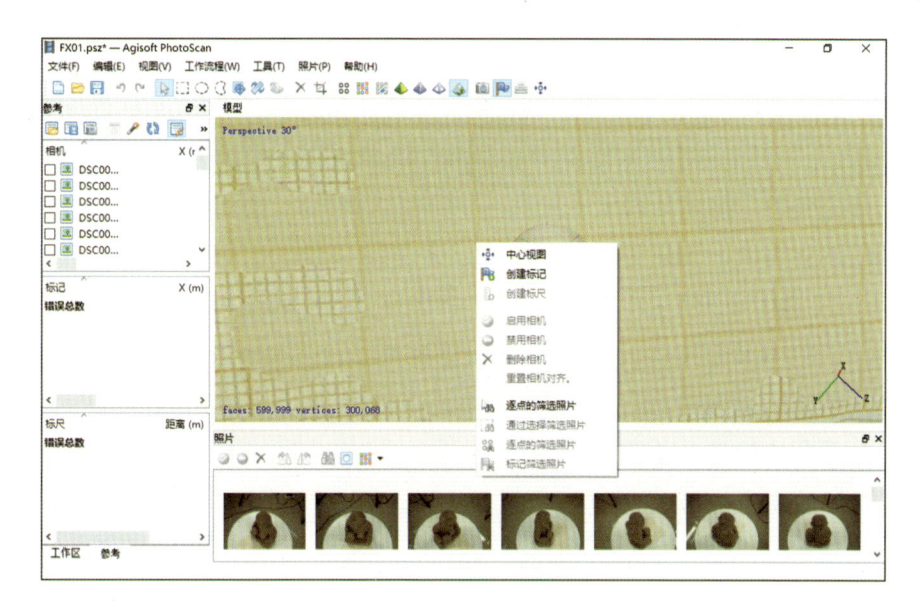

图 2.17　标注坐标控制点

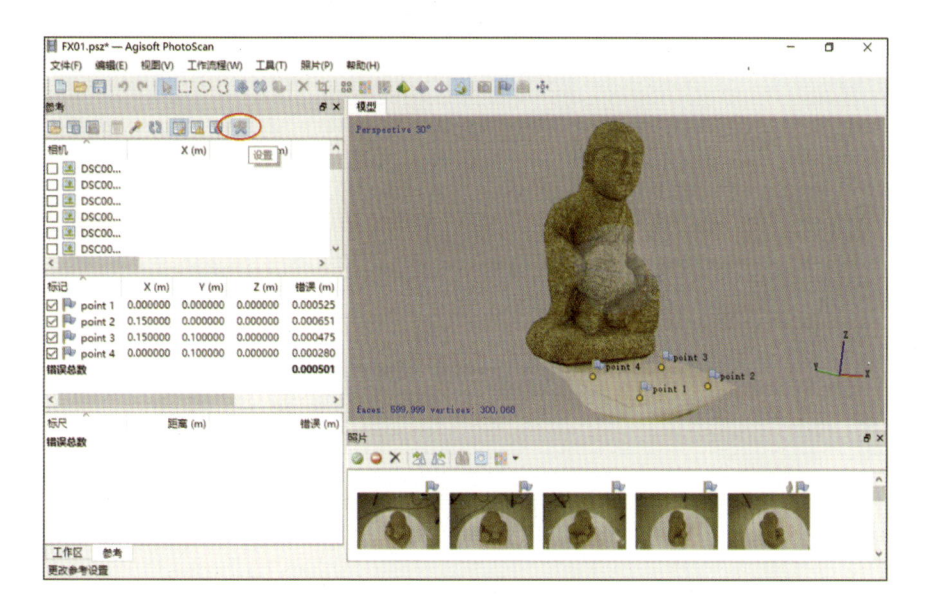

图 2.18　控制点坐标输入与设置

· 21 ·

X、Y、Z 坐标则分别表示东坐标、北坐标、高程。

坐标设置完成后，检查各控制点误差（Agisoft Photoscan 软件中的"错误"一栏）大小（图 2.18）。如果误差很大，需要检查控制点顺序是否准确，输入各控制点坐标数据有没有错误。计算误差很小之后即可导出模型、正射影像图等成果。

"文件"菜单的"导出模型"→"导出 OBJ/FBX/KMZ…"可以导出 3ds、pdf 等格式的三维模型数据（图 2.19）。导出 pdf 格式文件时，生成的三角网数目不能超过 80 万、纹理大小不能超过 8000，否则打开文件后无法浏览三维模型。此外，pdf 格式的模型文件只能通过 Adobe Reader 软件才能正确打开。

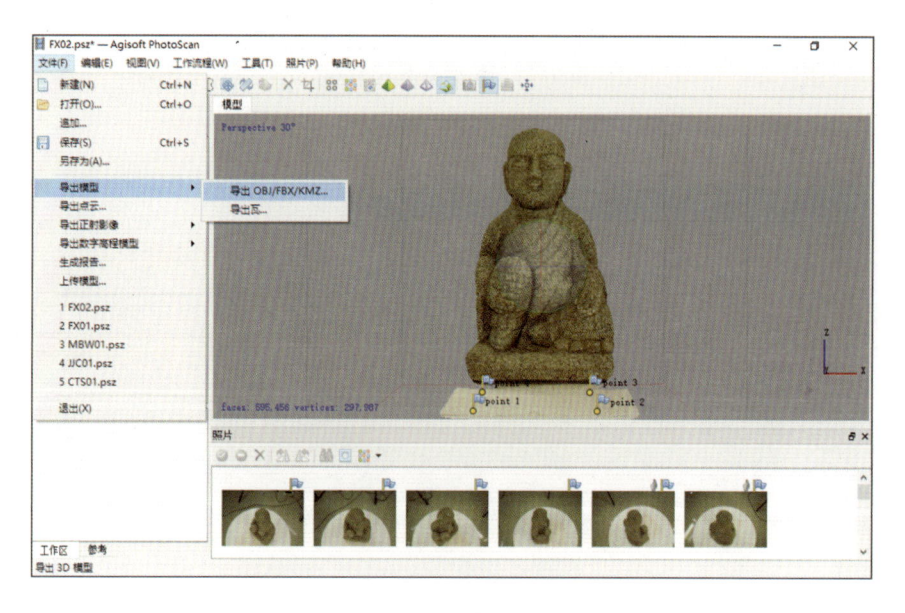

图 2.19 导出三维模型的操作界面

"文件"菜单的"导出正射影像"面板打开后，需要选择"投影平面"为"顶部 XY"或其他立面。"像素大小"就是导出正射影像的分辨率，可以根据具体情况输入，探方的正射影像图可以输入

1~10毫米，遗址的正射影像图可以输入5~10厘米。一般情况下软件会提供一个参考值，可以选择一个比参考值稍大的完整的数值，例如参考值为0.000105789米时，可以输入分辨率为0.00015米或0.0002米，即0.15或0.2毫米。可以选中"写世界（world）文件"前的复选框，指定保存的路径和文件名即可（图2.20）。世界（world）文件是坐标参照文件，记录影像左上角坐标和x轴、y轴方向的影像分辨率等数据，便于将影像加载到地理信息系统之中。

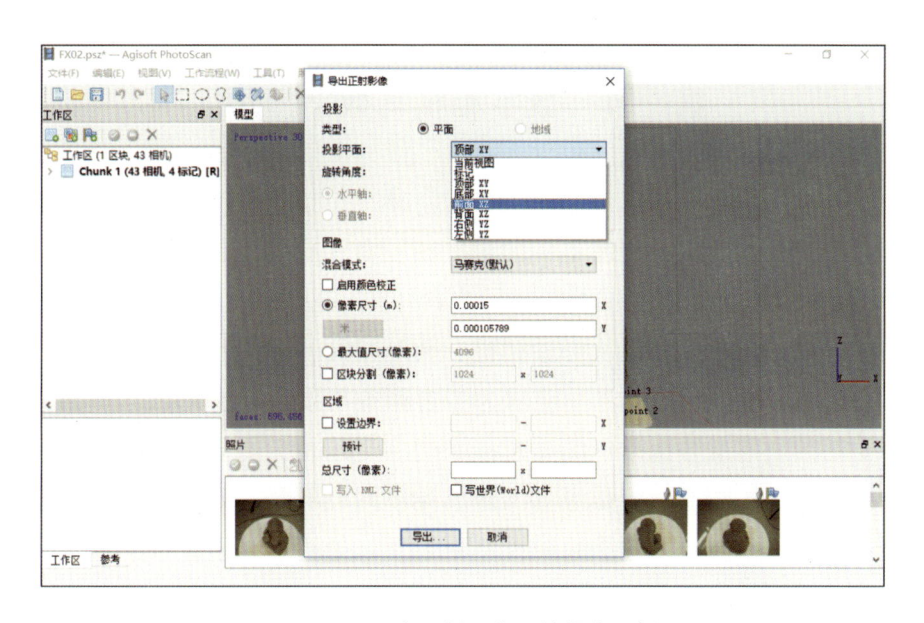

图2.20　导出正射影像图的操作面板

"文件"菜单中"导出DEM（数字高程模型）"的情况与"导出正射影像"类似，分辨率数值可以与正射影像图一致，或者是正射影像图的2~5倍。

第三章 数字影像获取与增强处理

第一节 数字相机与数字摄影

数字相机是一种利用电子传感器把静态光学模拟影像转换成数字影像并记录在数字存储设备中的照相机。英文全称：Digital Still Camera（DSC），简称：Digital Camera（DC），一般称为数码相机。根据结构可以分为单反相机、旁轴相机、微单相机、中画幅相机等等。

数字相机使用简单，早已成为考古调查与发掘现场记录信息的最重要工具。随着多视角三维重建技术的广泛运用，拍摄数字影像的工作就显得更加频繁。但是考古工地的很多同仁都是使用照相机的自动模式进行拍摄，成像效果只能说差强人意。能够熟练掌握数字相机的各项功能、拍摄好每一幅影像却成为很多同仁望尘莫及的事情。为此对数字相机的功能和操作进行简单而系统的介绍就显得很有必要。

一 传感器

照相机传感器的作用如同胶片一样，是把通过镜头的模拟影像转换成数字信号。传感器上有很多排列整齐的电容，能感应光线，并将影像转变成数字信号。数字相机的传感器有 CCD（Charge-Coupled Device，电荷耦合元件）和 CMOS（Complementary Metal Oxide Semi-conductor，互补金属氧化物半导体）两种。

CCD 和 CMOS 在制造上的主要区别在于 CCD 是集成在半导体单晶材料上,而 CMOS 是集成在被称作金属氧化物的半导体材料上,工作原理没有本质的区别。CCD 制造工艺较复杂,采用 CCD 的相机价格都会相对比较贵。CMOS 的制造成本和功耗都要低于 CCD。

在相同像素下 CCD 的成像通透性、明锐度都很好,色彩还原、曝光可以保证基本准确。而 CMOS 的产品往往通透性一般,对实物的色彩还原能力偏弱,曝光也都不太理想。但由于 CMOS 低廉的价格以及高度的整合性,目前在相机领域得到了广泛的应用。

传感器尺寸越大,感光面积越大,成像效果越好,价格也较高,体积与重量也会较大。全画幅相机传感器尺寸是 36 毫米×24 毫米,目前像素最高的是佳能 EOS 5DS/5DS R 相机,拥有 5030 万像素。半画幅(一般称为 APS – C 画幅)相机传感器尺寸是 23.6 毫米×15.6 毫米左右,目前很多半画幅相机具有 2400 万像素,佳能 M6 MARK II 相机拥有 3250 万像素。数字相机传感器尺寸见表 3.1。

表 3.1 数字相机传感器尺寸(单位:毫米)

格式	宽度	长度	对角线	面积	焦距乘数	代表机型
中画幅	33.0	44.0	55.0	1452	0.7	宾得 645D
全画幅	24.0	36.0	43.4	864	1.0	全画幅单反
APS – C	15.0	22.0	27.3	329	1.6	佳能 APS – C 单反
APS – C	15.6	23.6	28.3	368	1.5	其他 APS – C 单反
1.5"	14.0	18.7	23.4	262	1.9	佳能 G1 X
4/3	13.5	18.0	22.5	243	2.0	4/3 及 M4/3 相机
1"	8.8	13.2	15.8	116	2.8	尼康 1、索尼 RX100
1/1.7"	5.6	7.4	9.5	42	4.6	佳能 G12
1/2.6"	4.3	5.8	7.2	25	6.0	低端便携相机

二 感光度

感光度 ISO(International Standards Organization)是国际标准组织

的缩写，数字相机的感光度是传感器对光线的敏感程度。数字相机的主菜单里都有 ISO 设置，如 100、200、400、800 等等，不同机型的感光度挡位也不一样，有的最低挡位是 50，最高达到 51200。

在墓室、石窟或博物馆等光线较弱的环境中拍摄影像时，需要增加光圈或降低快门速度以延长曝光时间，但是增加光圈使景深受到影响，延长曝光时间会因拍摄时相机抖动影响成像效果。如果适当提高感光度，曝光时间也会相应缩短，避免长时间拍摄影响成像质量。

数字相机增加感光度是通过提升感光器件的光线敏感度，或者合并几个相邻的感光点来实现的。感光度的数字越大（感光度越高）对光线越敏感，弱光环境下也能够拍摄，但是影像表现为图斑很粗糙，而且还会损失色调和色阶（图 3.1）。因此除标称高感光度的相机之外，很多时候都尽量避免过度增加感光度，考古现场拍摄时应该手动设置感光度，很多数字相机的感光度设置都不要超过 400。

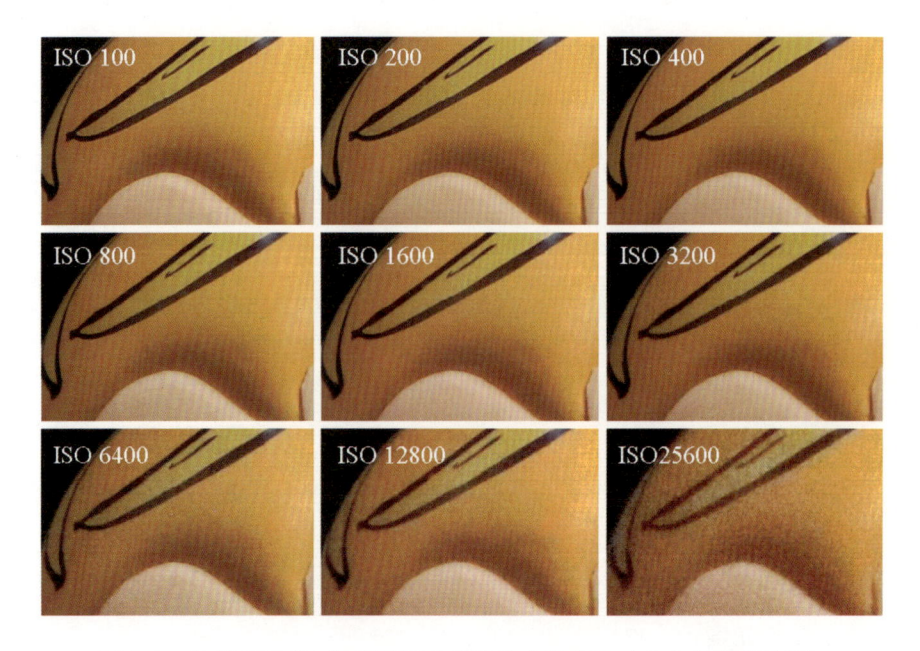

图 3.1 佳能 EOS M6 相机不同感光度的成像效果（来自色影无忌网）

数字相机在感光度 100 与 200 时拍摄效果几乎没有差别，所以即便在光线充足的室外拍摄，很多摄影师也是将感光度设置在 200 进行拍摄。图 3.1 中可以看出佳能 EOS M6 相机在 ISO 1600 时，成像效果依然很好，颗粒细腻，色调还原准确。这类相机可以使用低于 ISO 1600 来完成拍摄工作。而从图 3.2 中索尼 α6500 相机的感光度测试结果来看，ISO 800 时就有较为明显的颗粒出现，所以拍摄时感光度的选择应该低于 400。

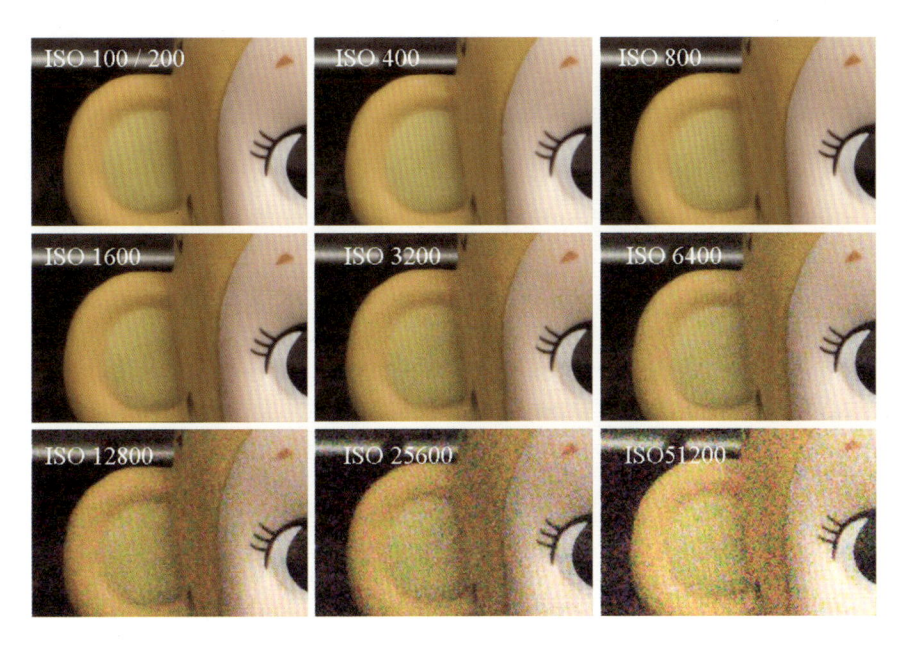

图 3.2　索尼 α6500 相机不同感光度的成像效果（来自色影无忌网）

三　光圈

光圈就是相机镜头里调节进光孔大小的光栅。一般情况下，光圈数值增加一档其面积减少一半。光圈数值反映镜头的相对孔径大小，即成像时的物镜焦距与有效孔径之比。镜头的光圈孔径完全张开时计算出来的光圈值（最小值）称为最大光圈，通常标注在镜头上。有的变焦镜头最大光圈值随焦距改变而变化，有的变焦镜头最大光圈值随焦距改变不会发生变化（称为恒定光圈的镜头）。

　　光圈的作用是调节物镜的使用面积和进入物镜的光通量，调节物镜边缘部分的使用情况可以达到特殊效果，选择合适的光圈可以拍摄不同亮度的景物。光圈的最重要功能是调节景深，景深是能够清晰成像的距离范围，与成像时的物距、光圈值、物镜焦距都有关：（1）光圈值与焦距一定时，物距越大，景深越大，物距越小，景深越小，近距离拍摄时应该仔细调焦；（2）物距与焦距一定时，光圈值越大，景深越大，光圈值越小，景深越小；（3）物距与光圈值一定时，焦距越短，景深越大，焦距越长，景深越短。

　　每只镜头的最佳成像光圈基本上都在8～10左右，能够拍摄出景深合适、效果最佳的影像。光圈5.6以下时大光圈拍摄的影像景深太小，不适合多视角三维重建和考古现场资料存档。一般情况下也没有必要把光圈设置在16以上，特别是中画幅相机绝不能使用16以上的光圈值拍摄影像，否则无法获得清晰的影像。

　　感光度、光圈大小与曝光时间三个参数相互制约、相互影响：感光度高了清晰度下降，感光度低了影像质量高，但需要更长的曝光时间，或者增加光圈；光圈大了景深太小，光圈小了景深合适，但需要提高感光度，或者增加曝光时间；曝光时间长了容易产生抖动（防抖有限度），曝光时间短了不会产生抖动，但需要增加光圈，或者提高感光度。

四　白平衡

　　白平衡（White Balance）的基本概念是"不管在任何光源下拍摄影像，都能将白色物体还原为白色"。对于特定光源下拍摄时出现的偏色现象，可以通过加强对应的补色来进行补偿。

第三章 数字影像获取与增强处理

使用胶片相机摄影时，为了解决偏色现象，需要使用各种彩色滤镜来进行补偿。数字相机的基本原理与其类似，白平衡功能就相当于彩色滤镜。但在彩色滤镜中并没有类似"自动白平衡"的滤镜，所以使用数字相机在不同环境下拍摄显得更为简单。

自动白平衡（AWB）的选项在一般拍摄时都可以使用，但在考古现场拍摄时经常会出现因亮度、光线角度等不同，出现不同白平衡导致的影像色调差异，而且这种差异很难通过后期影像处理来调整。所以考古现场拍摄时应该根据现场的光线情况，选择合适的白平衡选项。一般数字相机中白平衡的选项有自动、日光、阴影、阴天、钨丝灯、白色荧光灯、闪光灯、色温等等。

色温就是定量地以开尔文温度（K）来表示色彩。开尔文认为：假定某一黑体物质，能够将落在其上的所有热量吸收而没有损失，同时又能够将热量生成的能量全部以"光"的形式释放出来，它便会因受到热力的高低而变成不同的颜色。任何光线的色温是相当于上述黑体散发出同样颜色的光时所受到的"温度"，这个温度就用来表示某种色光的特性（表 3.2）。

表 3.2　　　　　　　　　　常见光源与色温数值

人工光源	色温	自然光源	色温
蜡烛及火光	1900K	朝阳及夕阳	2000K
家用钨丝灯	2900K	日出后一小时阳光	3500K
摄影用钨丝灯	3200K	早晨及午后阳光	4300K
摄影用石英灯	3200K	平常白昼	5000~6000K
220V 日光灯	3500~4000K	晴天中午太阳	5400K
普通日光灯	4500~6000K	阴天	6000K 以上
HMI 灯	5600K	晴天时的阴影下	6000~7000K
水银灯	5800K	雪地	7000~8500K
电视荧光幕	5500~8000K	无云的天空	10000K 以上

开尔文温度可以理解为通过不同的数值来表示不同光线的色调，即运用从低到高的数字表示从红橙到蓝紫的色调。光色越偏蓝，色温越高；偏红则色温越低。

根据色温反向补偿原则对数字相机白平衡中的色温数值进行设置，色温值高于环境光色调，影像偏红；色温值低于环境光色调，影像则偏蓝。比如，晴空阳光下色温大约是5500左右，如果数字相机的白平衡设置成6000，则拍摄的影像稍微偏红，如果数字相机的白平衡设置成5000，则拍摄的影像略微偏蓝。

拍摄探方、墓葬等的多视角影像时，晴天下的白平衡应该选择日光模式，避免使用自动白平衡模式在拍摄不同部位情况下，相机会因为光线变化而不断改变白平衡模式，导致相邻影像的色调有较大的差异。墓室内比较暗淡的地方使用闪光灯补光，常用电子闪光灯的色温都是5500K，接近白天阳光下的色温，发光性质属于冷光型，适合拍摄壁画等文物。

五　拍摄模式

中、高档数字相机都有拍摄模式选择功能，一般是通过旋转模式选择转盘来设定，也有通过菜单键选择来设定（如徕卡TL 2）。一般有P（程序自动）、SCN（场景选择）、Av（或A，光圈优先）、Tv（或S，快门优先）、M（手动设置）等模式可供选择。

程序自动模式：由数字相机根据场景的亮度情况自动设定光圈数值和曝光时间，有的相机还自动设定白平衡和感光度。使用程序自动模式拍摄影像显得非常简单，但是往往使用较短的曝光时间、过高的感光度、较大的光圈等参数，使拍摄效果难以满足需要。

场景选择模式：很多款数字相机内置了多种场景模式可供选择，对特定拍摄场景的光圈、曝光时间等参数进行预先设置，可以获得比较理想的影像效果。一般相机会设置有风景、人像、夜景、动态（运动)、微距、逆光、全景等场景模式。

光圈优先模式:根据拍摄影像的景深要求预先设定合适的光圈,由照相机自动测定曝光时间进行拍摄。光圈优先模式可以由摄影人设置合适的光圈数值,准确控制景深或背景虚化效果,拍摄出理想的数字影像。大光圈可以虚化背景,小光圈可以增加景深获取影像整体的清晰程度。

快门优先模式:拍摄者根据自身情况设定曝光时间,相机会根据被摄景物的亮度自动设定适当的光圈值进行拍摄,能够有效预防拍摄时相机的抖动。设置曝光时间可以更好地拍摄飞鸟或瀑布等动态的被摄目标。

手动设置模式:光圈数值和曝光时间两者都由拍摄者设定。利用数字相机的曝光计来测定场景的亮度,并通过取景器的亮度变化或取景器内的指示器显示出来,据此设定光圈数值和曝光时间。手动模式拍摄时可以不受相机自动功能的左右,根据拍摄场景准确地控制光圈大小和曝光时间,获得最佳的拍摄效果。

手动设置模式下如果感光度为自动设置"AUTO"时,拍摄时相机往往以调整感光度数值来满足拍摄条件。

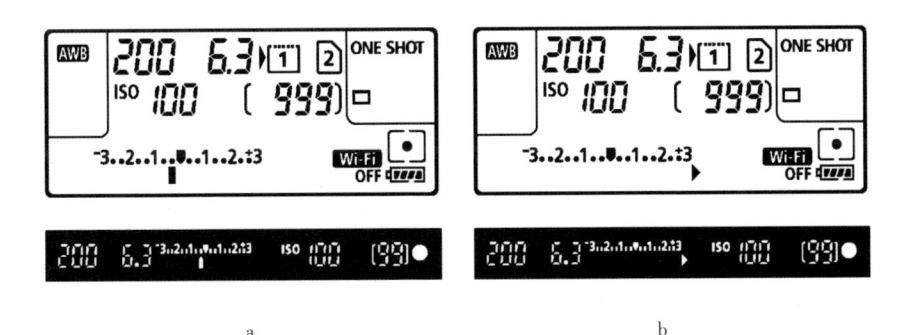

a   b

图3.3 佳能5D MARK IV 相机的显示屏与取景器中曝光级别显示

如果感光度设置为固定数值,半压快门按钮时相机的曝光量标志会在显示屏（图3.3a的上部线框内左下部）或取景器中（图3.3a的下部黑底色部分）中以粗竖线显示曝光量标记，以便与标准曝光级别（图中-3至+3之间）进行比较，以此设定合适的曝光时间和光圈值（一般情况下使曝光量标记位于-1/3或-2/3处）。如果曝光量超过标准曝光±3级时，曝光量标记会以向左、右的三角形或其他符号予以提示（图3.3b）。

六 对焦方式

对焦（Focus）也叫对光、聚焦。通过相机对焦系统调整镜头组合，改变透镜组中心与成像面的距离，使被拍摄目标清晰成像的过程。数字相机一般有手动对焦、自动对焦等方式。

手动对焦（MF）：通过手工转动对焦环来调节相机透镜和成像面的距离，使拍摄目标清晰成像的对焦方式。手动对焦方式主要依赖人眼对显示屏上影像清晰程度的判别以及拍摄者的熟练程度甚至视力情况来完成，非熟练的拍摄人员建议不要使用手动对焦方式。

自动对焦（AF）：轻压快门按钮（半压），镜头会自动调焦。全自动摄影模式下还会自行设定光圈大小、曝光时间。自动调焦时取景器中往往会有清晰点位的提示，确认之后按压快门进行拍摄。手动模式拍摄对焦时显示器亮度有时发生变化（或者通过其他方式提示拍摄参数设置是否合适），变暗表明曝光不足，变亮表明曝光过度，需要调整光圈、曝光时间、感光度等参数。

数字相机自动对焦一般采用相位对焦和反差对焦两种原理。相位对焦是通过检测光线的相位来测定对焦点至相机成像面之间的距离，再设定镜头的物距，速度快，精度高。反差对焦是通过镜头调整物距，检测对焦区域有反差的目标来实现对焦，反差对焦耗时稍长。如果对焦点没有纹理、反差，相机就会反复检测而无法完成自动对焦。这时可以选择平行距离（也就是与之处于同一层次平面的）物体，然后再通过平移来构图。如果不能选择处于同一平面的物体，可以先增加物体辅助对焦，对焦完成后再将其撤离。

自动对焦时根据对焦点的多寡可以分为多点对焦和单点对焦两种情况。多点对焦以拍摄区域为单位进行对焦，多点共同作用确立对焦范围，只要处于对焦范围内的区域，被摄对象原则上应该是清晰的，但是经常会出现对焦的位置不理想而导致拍摄主体模糊的情况。单点对焦一般以拍摄区域中心为对焦点，或通过触控屏准确指定对焦位置，获得拍摄主体清晰的高质量数字影像。考古现场拍摄时最好使用中心点单点对焦，确保重要遗迹、现象清晰成像。

七 测光模式

数字相机测光是拍摄影像前测定进入镜头的光线亮度，并据此设定各项曝光参数。在程序自动、光圈优先、曝光时间优先等拍摄模式中，相机会根据测光数据自动设置相关拍摄参数。在手动拍摄模式中，需要拍摄者根据测光情况来手动调整光圈大小、曝光时间、感光度等参数。

中、高端数字相机一般有中央平均测光、中央部分测光、局部测光、点测光、评价测光等模式可供选择，专业摄影人士经常会利用测光表等实际测定被摄主体的亮度。

中央平均测光主要是将画面中央部分的测光数据占据绝大部分比例，而中央以外的测光数据作为小部分比例起到测光的辅助作用。经过相机处理器对两组数值加权平均之后，得到适合拍摄的测光数据。

中央部分测光是对画面中央的一块区域进行测光，测光范围大约是画面的3%~12%。中央部分测光模式适用于光线比较复杂的场景，拍摄时需要得到更准确的曝光参数，获得拍摄主体曝光准确的影像。

局部测光方式是对画面的某一局部进行测光。当被摄主体与背景有着强烈明暗反差，而且被摄主体所占画面的比例不大时，运用这种测光方式最合适。

点测光的范围是以画面中央的极小范围区域作为曝光基准点，大多数相机的点测光区域为画面的1%~3%，区域外景物的明暗对测光无影响，所以测光精度很高，应该作为拍摄考古现场影像的主要测光模式。测光点位置在默认情况下位于画面正中央，有些相机可以将测光点设为处于激活状态的自动对焦点，在拍摄主体偏离画面中心时非常实用。

评价测光将取景画面分割为若干个测光区域，每个区域独立测光后再加权计算出一个整体的曝光值。多区评价测光被认为是目前最先进的智能化测光方式，是模拟人脑对拍摄时经常遇到的均匀或不均匀光照情况的一种判断。

八　影像直方图

影像直方图是指影像中所有灰度值的概率分布。数字影像的直方图是影像灰度值的概率密度函数的离散化图形。直方图的横坐标表示影像的灰度级变化，纵坐标表示影像中各个灰度级像元数占整幅影像像元数的百分比（图3.4右上角）。影像直方图的左、右两端分别表示黑色和白色部分，对应亮度的像点所占的比例应该很少，一些像素分布在较暗的阴影和较亮的高光区域，但更多的像素都是在直方图中部的中间亮度范围内。

数字相机记录的影像一般都是红、绿、蓝3通道的8位数字影像，每个通道的亮度范围是0到255，共256个灰度级（图3.5）。其中0表示最暗的纯黑色，255表示最亮的纯白色，而中间的数字就是不同亮度的灰色。

在室外拍摄时，由于周围环境比较亮，通过照相机显示器很难判

第三章 数字影像获取与增强处理

图 3.4 曝光正常的数字影像及其直方图

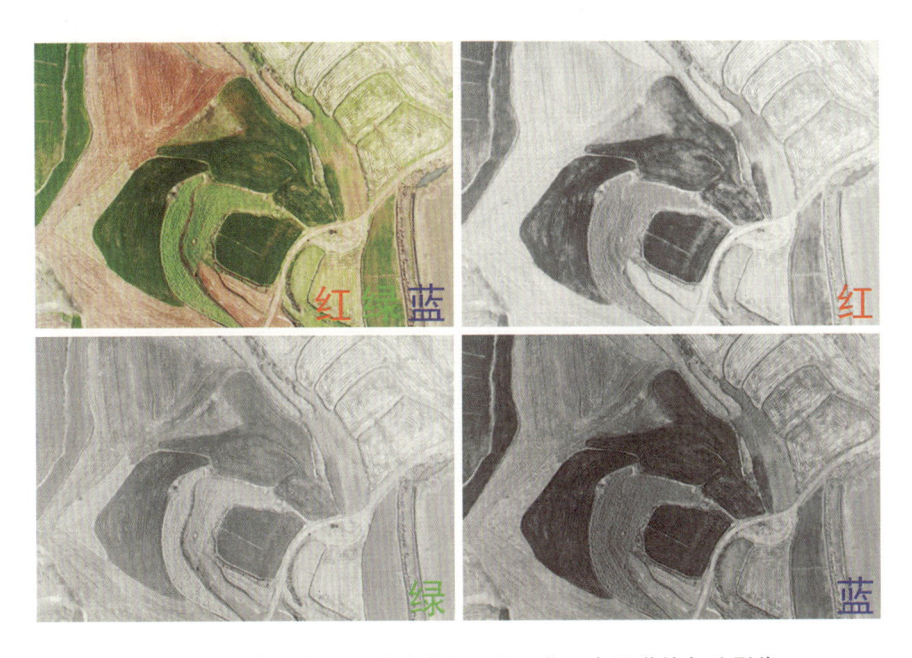

图 3.5 彩色影像可以分离出红、绿、蓝三个通道的灰阶影像

断影像的亮度是否合适。很多数字相机都可以在显示屏取景时，或者影像浏览时设置显示直方图的选项。通过显示影像直方图的情况设置合理的拍摄参数，避免影像中出现过曝或欠曝区域，获得满意的拍摄效果。

如果拍摄参数设置不合理，影像中就会出现欠曝或者过曝区域，直方图的一侧有大量空白，另一侧被直方图的边缘切断。欠曝或者过曝区域的亮度分别是 0 或 255，不含任何信息。过曝影像的直方图右侧被切断，很多像素是亮度值达到 255 的纯白色（图 3.6），需要通过降低感光度、缩小光圈或缩短曝光时间等方式来减小曝光。欠曝影像的直方图左侧被切断，很多像素是亮度值为 0 的纯黑色（图 3.7），需要通过增加感光度、使用大光圈或增加曝光时间等方式来增加曝光。

图 3.6　直方图过度右移出现过曝区域

第三章　数字影像获取与增强处理

图 3.7　直方图过度左移出现欠曝区域

数字相机的传感器记录信息时都会产生噪点，在光线充足的情况下记录的亮度信息很多，噪点并不明显。而在光线暗淡时，相机记录的光信号很少，噪点往往比较明显，影像显得颗粒很粗。为了获取更好的影像，拍摄时在影像最亮部分不溢出的情况下，让影像中的大量像素尽量记录在较亮的区域内，也就是直方图尽量的靠右，称为向右曝光（图3.8）。

向右曝光就是在影像不出现过曝区域的前提下，尽量拍摄得更亮一些，减轻低亮度拍摄时噪点对影像产生的不良影响。当然，向右曝光的影像需要在后期处理时，根据直方图将影像亮度调整到最佳效果。

本节介绍的内容比较多，一些初学者在短期内可能难以全部掌握。其实考古现场使用照相机拍摄时，一般情况下可以使用下列的设置。

图 3.8　向右曝光拍摄的影像

　　拍摄模式：手动模式（M 档）或光圈优先模式。
　　光圈数值：8～11 左右，不必超过 16。
　　曝光时间：短焦距一般设置小于 1/30 秒～1/60 秒。或者大致设置为 1/焦距。
　　感 光 度：100～400 之间，少数相机可以增加。
　　白 平 衡：手动白平衡：一般设置为日光型，或根据天气情况确定。
　　闪 光 灯：启用 TTL 模式。
　　对 焦 点：中心位置单点、单次对焦。
　　对焦模式：自动对焦，对焦后可以稍微旋转相机取景。
　　测光模式：中心小区域测光。拍摄前选择拍摄范围内最亮的部分测光，使其曝光合适，避免明亮部分曝光过度。

第二节 数字影像增强处理

一 数字影像

数字相机拍摄的影像是数字影像（或数字图像），可以理解为数字化的影像。数字影像通过不同亮度的网格（像素）来代表影像，且每一个像素都会分配一个特定的位置和亮度值（或灰度值）（图3.9）。数字影像具有最小的不能分割的基本单元即像素（Pixel），像素的空间坐标和亮度值均已离散化，且灰度值随其点位坐标的不同而不断变化。数字影像中每个像素对应实际目标的大小为数字影像的空间分辨率，如10厘米空间分辨率的影像中，每个像素对应实际目标中10厘米×10厘米的范围。

数字影像便于在计算机中进行存储、管理、复制、传输，能够运用多种软件对其进行各种处理，如影像增强、自动分类等。

数字影像的亮度级一般是8位256级，计算机中每个像素的亮度数值使用1字节来存储，1字节是二进制的8个数位，二进制00000000是十进制的0，二进制1111 1111是十进制的255，所以8位数字影像的亮度范围是十进制0~255，即256个亮度级（或灰度级）。现在有些卫星影像和高档扫描仪扫描的影像是16位512级，使用时需要留意。

数字影像可以分为二值影像、灰度影像（或灰阶影像）和彩色影像等。

二值影像（Binary Image）中每个像素的亮度值是0或255，非黑即白，考古报告中的线划图就是二值影像。

灰度影像（Gray Image）：灰度影像一般使用256级灰度，每一个像素都是由0（黑色）~255（白色）之间的不同亮度值来表现的，通过8位二进制数字记录在存储介质中。一幅灰度影像就是由不同亮度

图3.9 通过不同亮度的像素表示的数字影像

值的像素来表现各种图案（图3.9）。

彩色影像（Color Image）：一般指真彩色影像，其色调与自然界的各种景物非常一致。彩色影像是由红（Red）、绿（Green）、蓝（Blue）三原色按不同的比例和强度来表示各种各样的颜色，可以理解为三幅灰度影像分别以红、绿、蓝三种颜色叠加在一起显示的效果（图3.10）。

考古现场拍摄多视角影像时，往往为了考虑整体拍摄效果而设置统一的拍摄参数，有时候就会出现部分影像的亮度偏暗，如果进行三维重建的效果比较差，生成密集点云后噪点数量太多，则需要对全部影像的亮度与反差进行调整。为了不影响三维重建的效果，影像处理中必须避免进行像素挪移（即避免将影像中的局部区域挪移到另外的位置上），也不能对影像进行任何剪裁处理。但是可以将一组影像的长、宽同时按照一定的比例缩小，以提升三维重建的

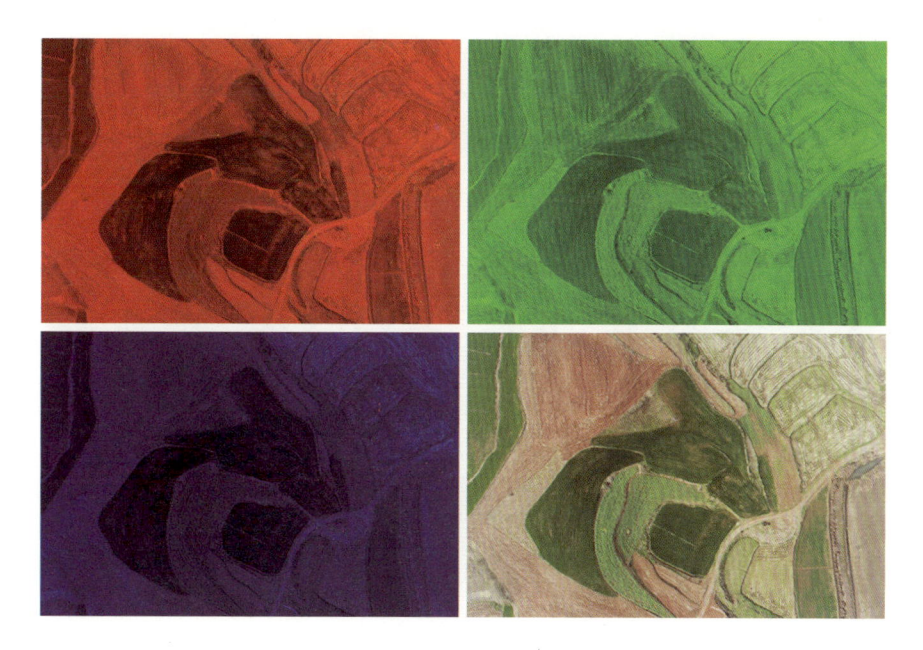

图 3.10　通过三幅灰度影像表示的彩色影像

处理速度。

二　亮度调整

亮度调整是对影像直方图分两个区域进行线性拉伸或压缩，Adobe Photoshop 软件"图像"菜单中的"调整"→"色阶"就是调整影像的亮度。

打开"色阶"操作面板，其中显示影像的直方图（图 3.11）。然后通过移动"输入色阶"中直方图下面黑色、灰色、白色三个小三角形来调整影像亮度。其中黑色、白色两个三角形可以在无像素区域（图 3.12 中两条红色竖线之外）移动，灰色三角形应该移动到直方图曲线峰值附近。一边调整黑色、灰色或白色小三角形的位置，一边观察影像的变化，直到比较满意。

"色阶"操作面板下部的"输出色阶"可以压缩影像直方图的亮度范围，一般情况下不用调整影像的输出色阶。但是对于同时具有阴

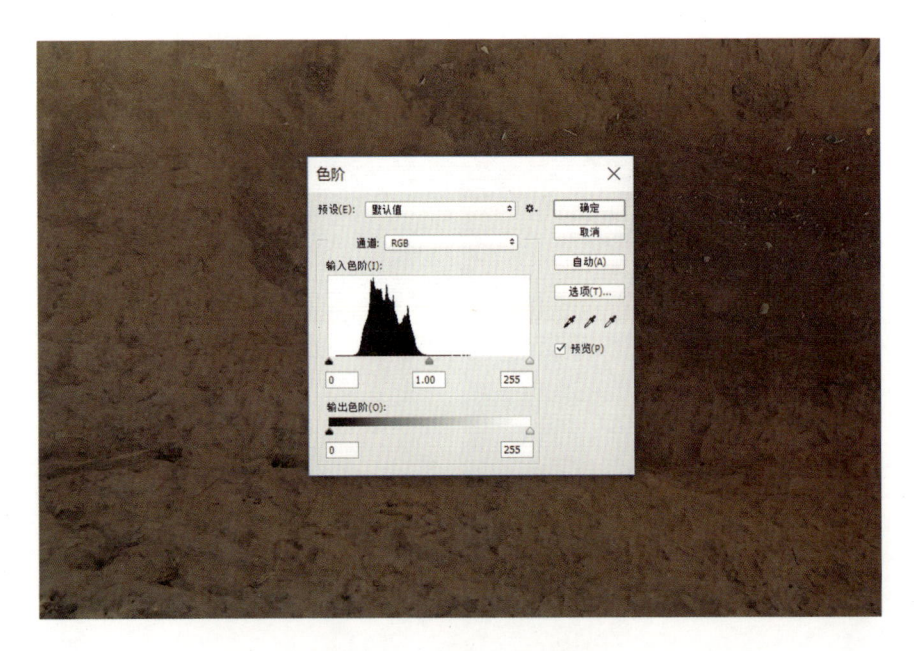

图 3.11 "色阶"操作面板

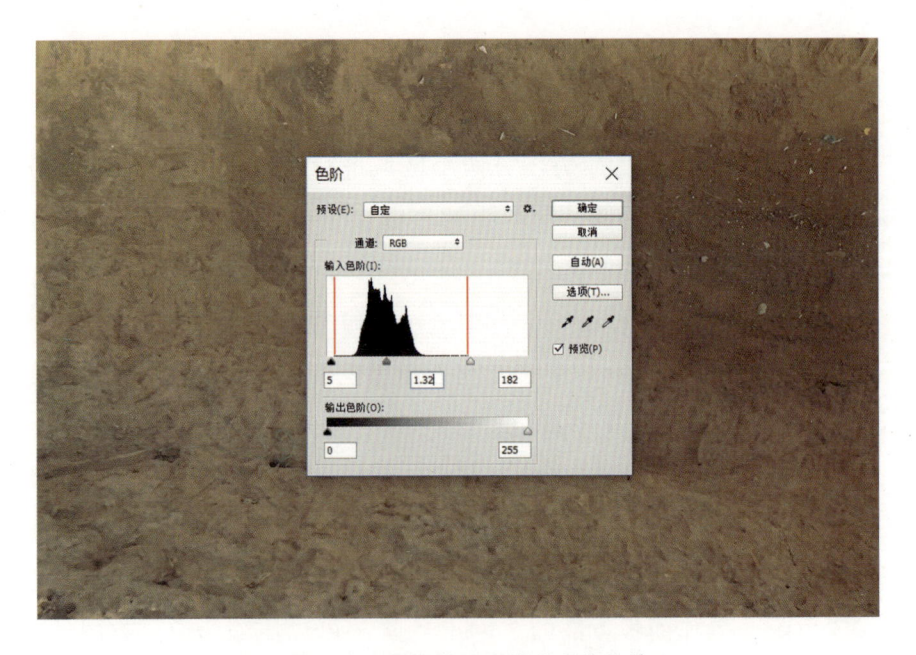

图 3.12 直方图调整后影像亮度变化情况

影和阳光照射区域的影像，其亮度分布范围很宽，有时需要对影像的输出色阶进行调整，压缩影像的亮度范围（如 10~245），以便进行后续处理。

三 反差调整

反差调整是对影像直方图进行非线性拉伸，Adobe Photoshop 等软件菜单中的"曲线"就是调整影像的反差。打开"曲线"操作面板之后，在斜线右上、左下分别点击一次，产生两个节点，将右上节点向左上提升一些，左下节点向右下拉伸一些，同时观察影像反差的变化（图3.13）。每次"曲线"调整的幅度不宜太大，如果影像反差仍然不理想，可以进行第二次"曲线"调整（图3.14）。

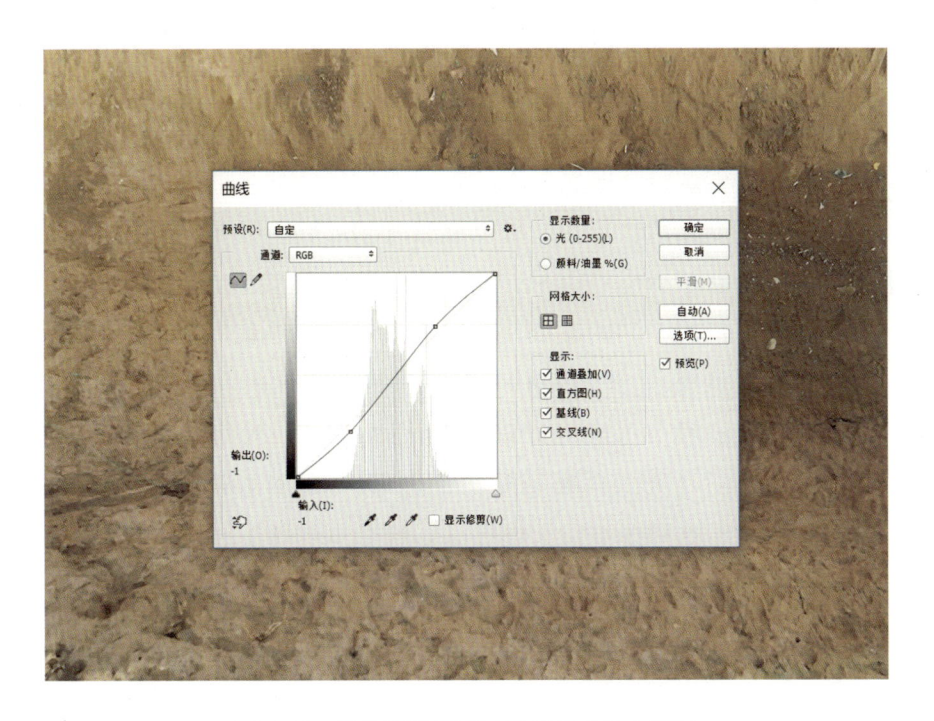

图 3.13 反差调整面板及影像反差变化情况

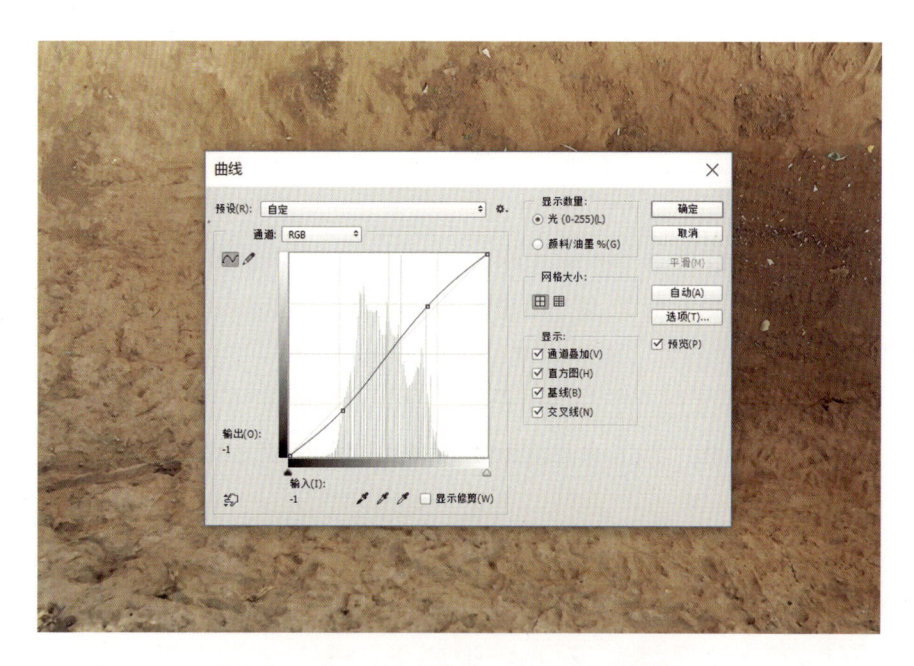

图 3.14 第二次反差调整及影像反差变化情况

亮度和反差调整能够显著提高影像的质量，如果处理考古现场拍摄的数百幅多视角数字影像，可以通过 Adobe Photoshop 软件的快捷键来提高速度，如"Ctrl + Alt + L"是根据上次的参数进行亮度调整，当然有时需要使用不同的参数处理每一幅影像，这就需要每次对处理参数进行一些调整。"Ctrl + Alt + M"是根据上次的参数进行反差调整。所以处理过程中每次打开 20 幅左右的影像，对每幅影像进行一次亮度调整、一（或二）次反差调整之后，"Ctrl + W"关闭、保存影像即可完成。这样既可以大幅提高影像处理速度，也不会因为反复点击鼠标导致手指过度疲劳。

四 高光与阴影调整

拍摄考古现场的影像时，经常在同一幅影像中既有阴影部分也有光照部分，影像的直方图非常分散，甚至会出现个别亮度为 0 和 255

的像素，这种情况可以考虑使用 Adobe Photoshop 软件"滤镜"菜单中的"Camera Raw"功能进行调整。由于 Camera Raw 功能无法调整 0 和 255 像素的亮度，所以需要首先调整"色阶"操作面板下部的"输出色阶"来压缩影像直方图的亮度范围到 10~245，以便 Camera Raw 功能能够调整全部像素的亮度（图 3.15）。

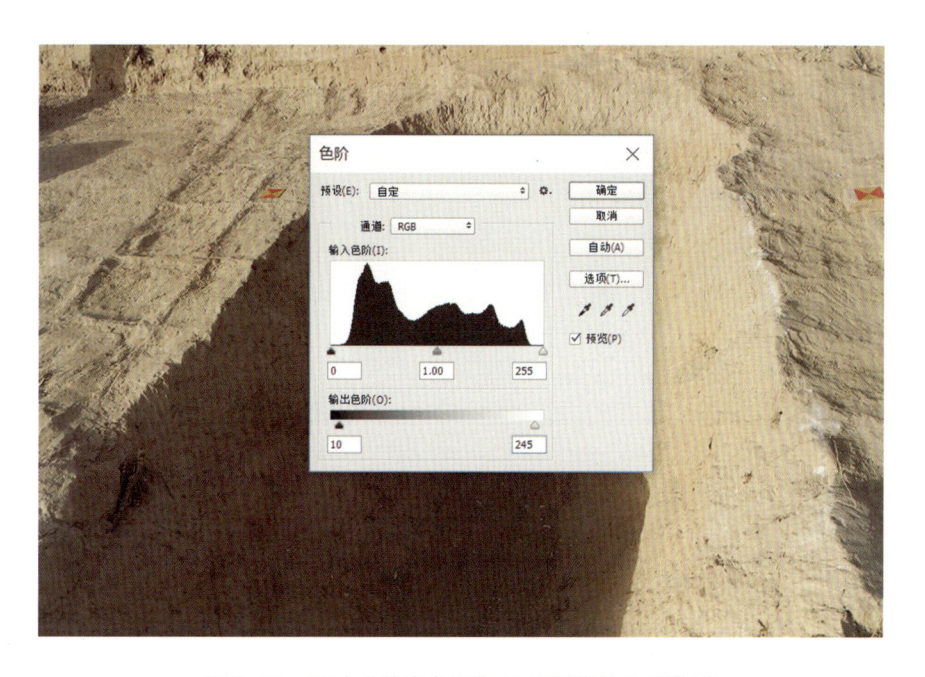

图 3.15 通过"输出色阶"压缩影像的亮度范围

打开"滤镜"菜单下的"Camera Raw"面板，可以根据影像的具体情况对"反差"、"高光"、"阴影"、"白色"、"黑色"和"清晰度"等分别进行调整，增加阴影部分的亮度，压低高光部分亮度，使影像的整体亮度和反差合适，提升影像的质量（图 3.16）。如果影像色调显得过于浓郁、厚重，可以尝试将"自然饱和度"设置为 -10~-20，再比较调整前后的影像色调。

如果每幅影像的亮度情况差异较大，使用 Camera Raw 功能调整时需要使用不同的参数进行处理。

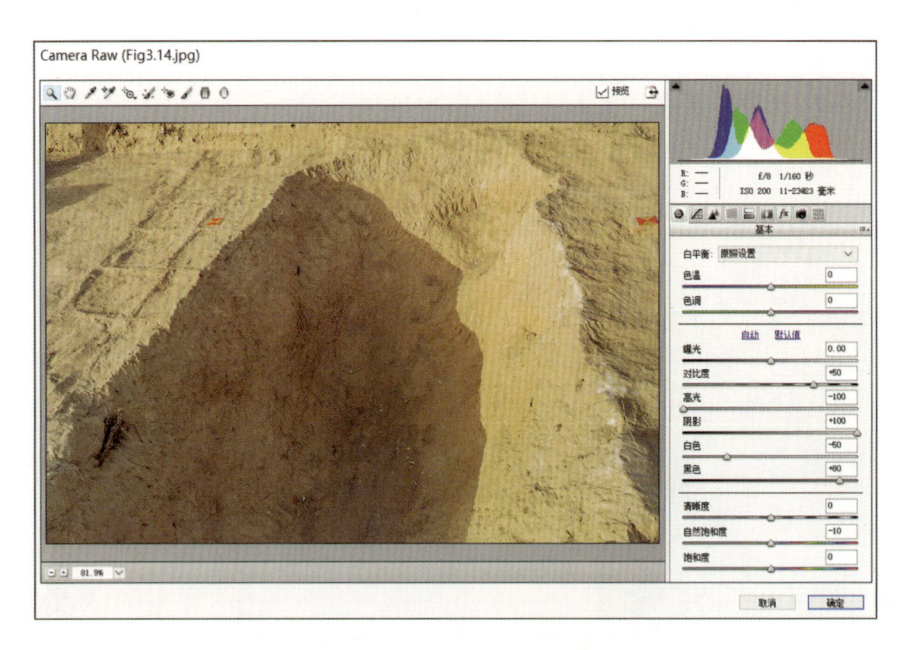

图 3.16　"Camera Raw"操作面板

第四章　考古遗址的三维重建

随着无人机低空拍摄技术的不断发展和多视角三维重建等技术的日益成熟，对大、中型考古遗址开展低空拍摄与三维重建等工作成为可能。考古遗址的三维重建可以认为是将整个遗址的表面空间信息采集到计算机中，由此能够获取整个遗址高分辨率的正射影像图、数字表面模型、地形图等成果，为考古遗址的分析、研究、保护、规划、展示等工作提供高精度的数据支持。

大中型考古遗址的面积往往比较大，低空拍摄之前需要了解遗址大小、植被覆盖、地形起伏等情况，确定获取影像的地面分辨率大小和拍摄范围，制定较为详细的飞行与拍摄方案。对于有树木覆盖的遗址，最好选择在冬季拍摄。

第一节　大疆精灵4系列无人机设置

大疆创新科技有限公司的精灵（Phantom）4 Pro、精灵4 Advanced、御2专业版等无人机性能很好，飞行稳定，螺旋桨可快速装卸，最长飞行时间约为30分钟。搭载Flight Autonomy技术，具有GPS/GLONASS双模卫星定位系统、惯性测量单元（IMU：Inertial Measurement Unit）和指南针双冗余传感器，飞行拍摄时可以获取实时图像、深度、定位等信息。拥有2000万像素的传感器，在细节层次和暗光条件下的成像质量较好。它采用高性能影像处理器，支持4K

视频拍摄，机械快门可以防止快速移动过程中的拖影。

为了使低空拍摄的影像效果最佳，有必要在大疆DJI GO 4中对精灵4 Pro（或4 Advanced）无人机进行一系列的设置。照相机方面应该设置感光度为100或200，光圈8，采用光圈优先模式（A模式），曝光补偿 -0.3，弱光情况下可以适当增加光圈至6.3，确保曝光时间小于1/200秒。白平衡的K值为5600左右，影像长宽比设置为3:2，即以最大的2000万像素拍摄影像（图4.1）。

图4.1 大疆精灵4系列无人机相机设置

无人机设置方面，最大飞行高度设置500米，距离限制可以不予设置，或设置为3000米，摇杆模式最好是美国手，左手摇杆控制升降与左右旋转，右手摇杆控制前后左右飞行。开启"允许切换飞行模式"选项，以便拍摄时使用运动模式（S档）快速飞行，不过每次起飞时需要切换到标准模式（P档），起飞后再切换到运动模式（S

档），以达到最快 20 米/秒的飞行速度（图 4.2）。

图 4.2　大疆精灵 4 系列无人机飞控参数设置

电池设置中，低电量报警设置成 15%，严重低电量报警为 10%，同时打开低电量智能返航选项。大疆精灵 4 系列无人机近距离飞行时，电量低于 10% 会自动强制降落。如果飞行距离比较远，高度 350 米左右，可能剩余 30% 以上的电量时就会自动强制降落，所以在山区、有遮挡区域飞行拍摄时需特别注意。

尽量避免在遗址内升级无人机的相关软件、固件，应该在到达考古遗址之前完成，否则 DJI GO 4 会下载遗址及其周边的地图。每次无人机开机前，将用于监控的 iPAD 或手机设置为安全模式，断开网络连接。遥控器、无人机等开机、自检完成之后，将 DJI GO 4 的界面切换到地图模式，由于没有下载地图，所以操作界面上只显示浅色的网格（东西、南北方向），依据浅色网格线可以操控无人机沿直线往返飞行，无遗漏地完成整个遗址的拍摄工作（图4.3）。

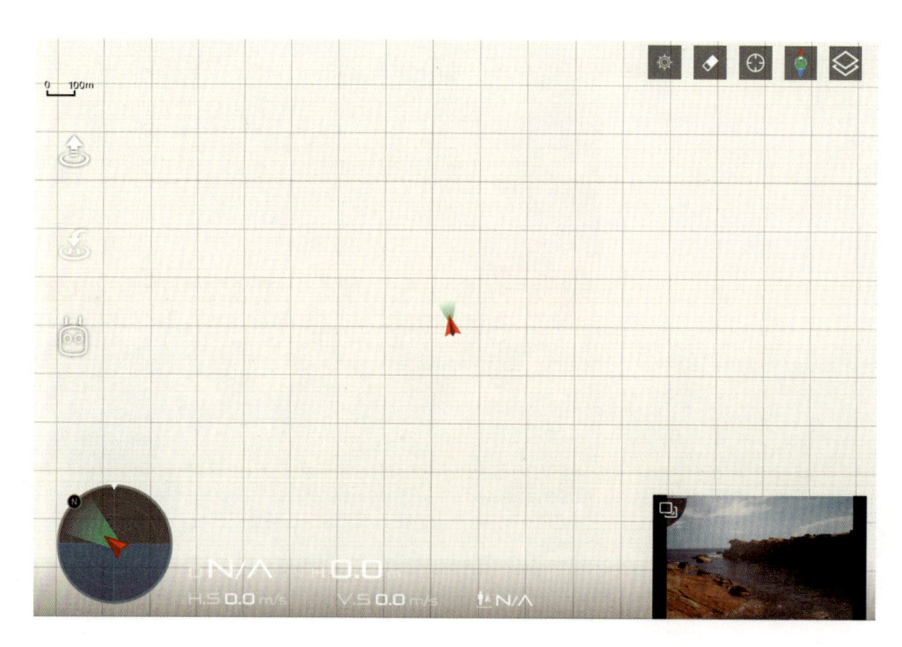

图4.3　DJI GO 4 无人机 app 地图显示界面

第二节　平坦地域的遗址拍摄

对于地面平坦的遗址，可以使用相同的飞行高度进行拍摄，一些无人机能够设置自动巡航功能拍摄整个遗址，操作非常简便。飞行高度根据获取影像的分辨率来决定，以2000万像素的大疆精灵4 Pro无人机为例，飞行高度210米左右可以获得5厘米分辨率的正射影像，飞行高度430米左右可以获得10厘米分辨率的正射影像。一般较大的遗址可以输出10厘米分辨率的正射影像图，考虑到遗址内可能存在一些沟谷等低洼地带，相对飞行高度一般为400米左右。

大疆精灵4系列等无人机拍摄的影像记录有拍摄瞬间的位置数据（WGS84坐标系），一些多视角三维重建、倾斜摄影等软件都可以根

第四章　考古遗址的三维重建

据这种数据对三维模型进行控制，平面坐标的相对精度比较好，对于绝对精度要求不高的遗址调查等工作来说，可以不用设置高精度的地面控制点。地势平坦遗址的拍摄比较简单，无人机作往返飞行，照相机垂直向下拍摄，飞行方向（航向）相邻影像75%以上重叠，相邻航带（旁向）50%以上重叠，全面覆盖整个遗址即可（图4.4）。

图4.4　相邻四幅影像的重叠情况

手动控制无人机飞行拍摄时，首先根据遗址范围的大小制定简单的飞行拍摄方案。即便是小型遗址（10万平方米以内）也建议拍摄1平方千米以上的范围，无人机从遗址中心位置起飞，切换到运动模式（S档），然后升空并同时向东南或西南方向飞行，从监控显示器上监测飞行方向、升空速度、水平速度、飞行距离等参数。待水平距离达到750米左右且高度合适时，可以将其作为飞行航线的东南（或西南）角点。切换监控界面进入地图模式，调整格网左上角的比例尺为

· 51 ·

100米，无人机飞行至附近格网交叉点，调整飞行方向为正南北方向，开始沿格网线一边向北飞行一边拍摄，大致每个地点可以拍摄到相邻的四幅影像之中。与起飞点水平距离达到750米左右时停止向北飞行和拍摄，完成第一条航带的拍摄。所到达位置作为飞行航线的东北（或西北）角点，观察此刻无人机拍摄的范围，记住影像中心点的大致位置，向西（或东）横向移动无人机，至横向移动前的中心位置到达影像边缘时停止，然后向南飞行拍摄第二个航带，完成后按照同样的方法横向移动无人机拍摄第三航带的影像，直至拍摄完成整个遗址（图4.5）。

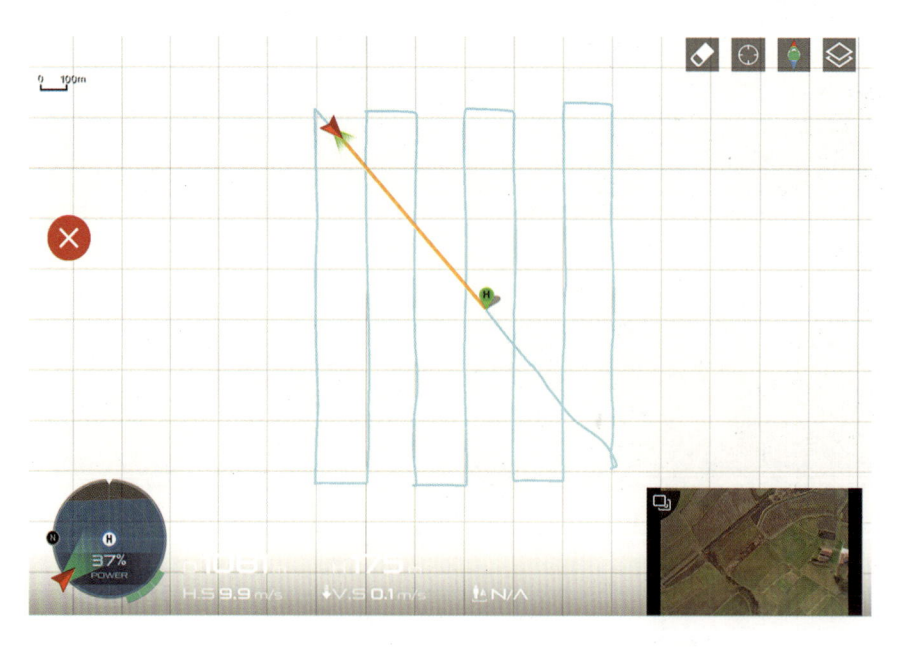

图4.5　大疆精灵4系列无人机拍摄遗址的飞行轨迹

使用手动控制无人机拍摄时，每块电池可以拍摄更大的范围。在平坦、无遮挡区域飞行时，无人机提示返航时可以手动取消返航继续飞行拍摄，直到开始自动下降时才手动控制返航，同时注意下降的高度，返航时最低相对高度应该保持在50米以上，如果自动下降速度太快就应该向前推动油门拨杆维持高度。

第四章 考古遗址的三维重建

需要设置、测量地面控制点时，控制点标志最好摆放在拍摄区域四角附近的平坦位置，避免沿一条直线摆放。控制点标志一般使用4个具有红色、黄色三角形图案的环氧树脂标志板（图4.6），标志板的中心位置非常明显，在不同分辨率的影像上都可以精确地标定中心点位置。红、黄颜色在野外绿色、灰色等环境中也非常醒目，易于辨认。标志板大小合适的时候才能在拍摄的影像中清晰明显，易于标注中心点位置。一般情况下，飞行高度200米时，使用50厘米×50厘米控制点标志；飞行高度100米左右时，可以使用30厘米×30厘米控制点标志。

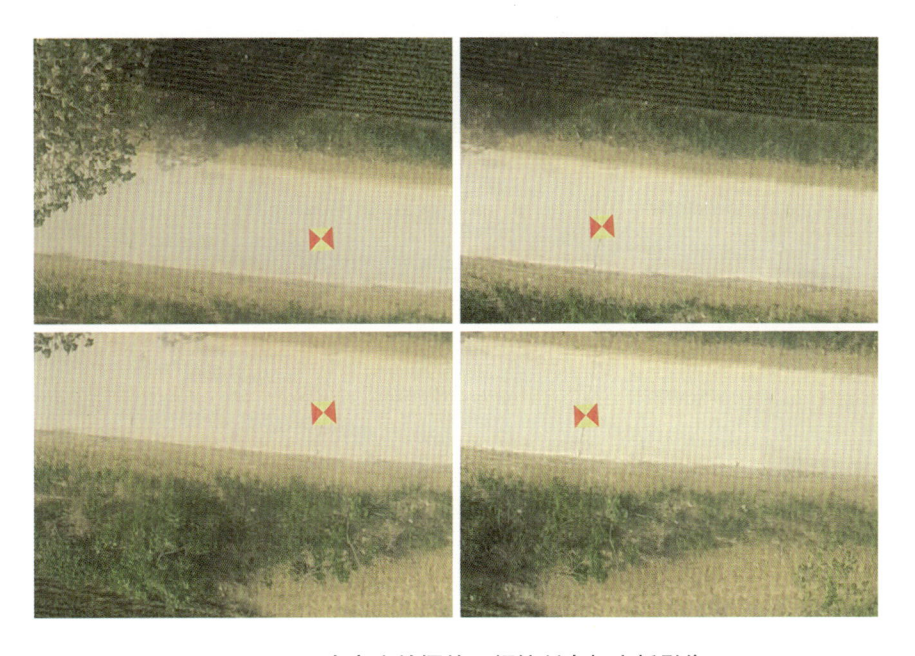

图4.6 60米高度拍摄的四幅控制点标志板影像

较大的控制点标志板不便携带，如果只携带有30厘米×30厘米标志板，可以在400米高度拍摄全部遗址之后，在每个控制板上空大约200米、100米、60米高度的不同位置分别拍摄四幅影像，并确保

· 53 ·

60米高度的每幅影像都能拍摄到清晰的控制点标志板，而且控制点分布在影像上不同的位置（图4.6）。

小范围内控制点的三维坐标最好使用电子全站仪或静态后差分GPS进行测量，使用电子全站仪的免棱镜方式直接瞄准控制点中心进行测量时，能够达到3~5毫米的测量精度，现场测量的控制点坐标数据最好使用照相机拍摄，以避免笔录时出现抄写错误。使用静态后差分GPS进行测量时的精度一般也能控制在5毫米以内。使用RTK测量控制点的平面精度为2~3厘米，高程精度大约是10厘米，基本能够满足大范围拍摄（影像空间分辨率为5~10厘米）的控制点精度要求。

第三节　山区遗址的无人机拍摄

对于地形起伏较大的大型遗址，尽量不要使用无人机的自动巡航方式在同一高度进行拍摄。应该首先下载遗址及其周边的卫星影像图和数字高程模型等免费数据，生成10米等高距的等高线与卫星影像进行叠加，再转换成投影坐标系（1954年北京坐标系或1980西安坐标系）的数字影像（图4.7），并打印出A4幅面的纸质影像图。以便在无人机拍摄之前能够制定详细的飞行计划：具体拍摄范围、拍摄面积、首次起飞地点、谷底飞行高度、山顶飞行高度等等，使无人机在遗址内飞行拍摄的相对高度大致相同，确保每幅影像的地面分辨率大致相同。

拍摄大范围的遗址时需要多次更换无人机电池，要求每次更换电池前暂停拍摄时无人机改变飞行方向，在飞行轨迹图中留下明显的转弯标记。更换电池之后无人机升空过程中飞向暂停拍摄点，高度和平面位置一致后继续拍摄。

纸质航拍规划图上可以标注影像比例尺、不同位置飞行高度、飞

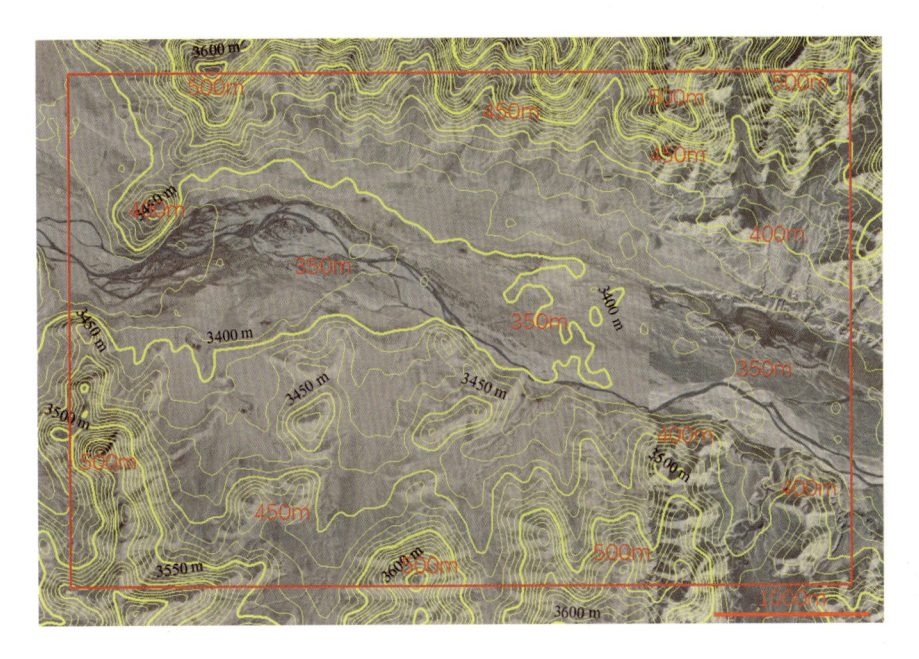

图4.7 山地遗址航拍规划图

行范围等等相关内容，以便飞行拍摄过程中随时参照（图4.7中红色框线和数字标注等）。

现场拍摄时每条航带长度应该不大于4千米，根据航拍规划图确定航带为南北方向，自西向东（或自东向西）逐条航带拍摄，操作无人机飞行、拍摄人员位于所拍摄航带中部附近，并随着拍摄进度自西向东（或自东向西）行进。参照 DJI GO 4 飞控界面中的格网，保持每条航带按照直线方向飞行拍摄，同时需要不断调整飞行高度，使遗址内不同局部的影像分辨率大致相同（图4.8）。

为了获得更好的三维重建效果，对于地表起伏较大的遗址、具有较深的探方壁等情况下，无人机垂直向下拍摄完毕，需要设置照相机倾斜，并作东西、南北方向往返飞行，从不同角度拍摄倾斜视角的影像，全面获取不同立面的空间信息，提升三维重建的精度（图4.9）。

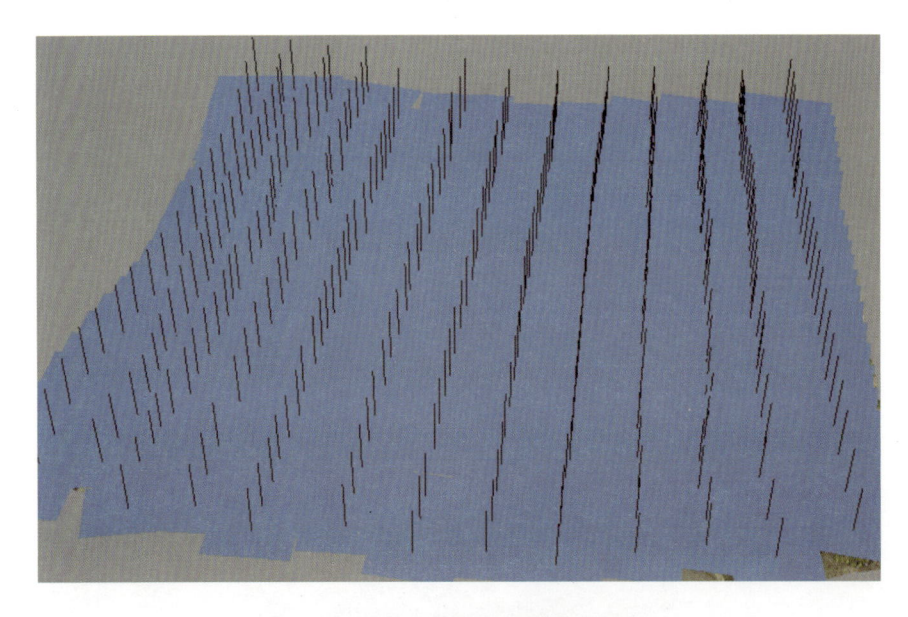

图 4.8 航拍山地遗址的影像位置图

图 4.9 航拍起伏较大山地遗址的影像位置图

使用携带一台相机的无人机拍摄一个区域的垂直和倾斜影像需要往返交叉飞行 5 次才能完成，需要花费很多时间，每一局部的垂直和倾斜影像中阴影差异往往比较大（图 4.10）。目前有一些公司将 5 台索尼的镜头相机组装在一起，使用载重量较大的无人机携带，能够同时拍摄垂直向下和前后左右倾斜的五幅影像，飞行一次即可完成一个区域的倾斜摄影工作。

图 4.10　五次飞行拍摄的五幅不同角度影像

第四节　三维重建与坐标系设置

一个遗址拍摄结束，应该拷贝全部影像到计算机中，在拍摄现

· 57 ·

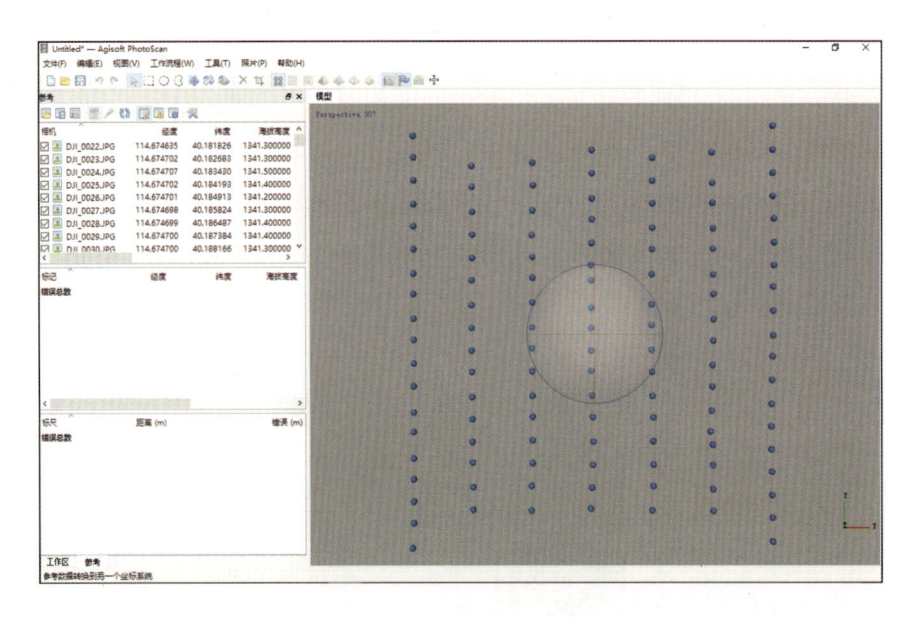

图 4.11　航拍影像位置图

场进行简单检查或初步处理，确认拍摄区域内的影像覆盖是否完整，有没有遗漏的部分。最简单的办法是把全部影像加载到 Agisoft Photoscan 软件中，看看软件中显示的全部影像位置是否均匀分布（图 4.11）。间隔大的两幅影像需要局部放大后查出编号，再检查重叠度是否达到 50% 以上，最后再抽查一些影像看看是否清晰。如果有问题需要立即在现场进行补拍，没有问题才可以离开现场，回到室内使用高性能的计算机或图形工作站进行处理。此外，图 4.11 也说明边缘航带的两端应该多拍摄几幅影像，以便使生成的遗址三维模型四角完整无缺。

Agisoft Photoscan 软件处理的第一步"对齐照片"完成后，应该从模型的侧面显示一下影像拍摄过程中照相机瞬间位置。如果无人机从同一高度拍摄了一组数字影像，照相机瞬间位置应该分布于同一个平面内，这样生成的三维模型精度很高（图 4.12 上）。如果照相机瞬间位置没有分布在同一个平面内，而是在一个球面上（图

4.12下），生成的三维模型就会有比较大的变形，无法反映遗址内的地形起伏情况。产生这种情况的原因，应该是有些成像设备获取的影像变形比较大，在三维重建处理过程中有时会出现某些问题。

使用同一款大疆精灵4或御2专业版无人机拍摄考古遗址时，有时拍摄的影像进行三维重建时没有问题（图4.12上），有时出现问题（图4.12下）。经过反复比较后，发现无人机在不同飞行高度拍摄同一个遗址时，获取的影像可以正常生成三维模型，而同一飞行高度拍摄的一组影像，三维重建时经常会出现类似的问题（图4.12下）。所以拍摄考古遗址时，相邻航带的无人机飞行高度最好相差10米左右，高低交错，以便生成高精度的遗址三维模型。

图4.12 照相机拍摄瞬间的位置模型

如果遗址内有树木、建筑物等高大地物，生成密集点云后可以从侧面选择其异常点云予以删除，确保后续处理中生成的较高精度的等高线数据（图4.13）。具体方法可以从菜单"视图"→"预定义视图"的"左侧"、"右侧"、"正面"、"返回（背面）"等视角，选择不同的位置进行缩小、放大、移动等操作，以便选择应该删除的点云部分进行删除，尽量减少树木等点云对地面起伏的干扰。

图4.13　从密集点云模型的侧面选择并删除树木等的点云

在遗址三维重建处理过程中，如果使用每幅影像记录的卫星定位信息进行遗址整体定位，需要在"参考"面板中点击"转换"图标，打开"选择投影"面板（图4.14）。然后在"更多"选项中收缩"地理坐标系统"，展开"投影坐标系统"，在"Beijing 1954"中选择与遗址范围内影像经度最接近的中央子午线的投影带（图4.15）。例如图4.15中，每幅影像显示的经度大致为东经114.674…度，所以选

第四章 考古遗址的三维重建

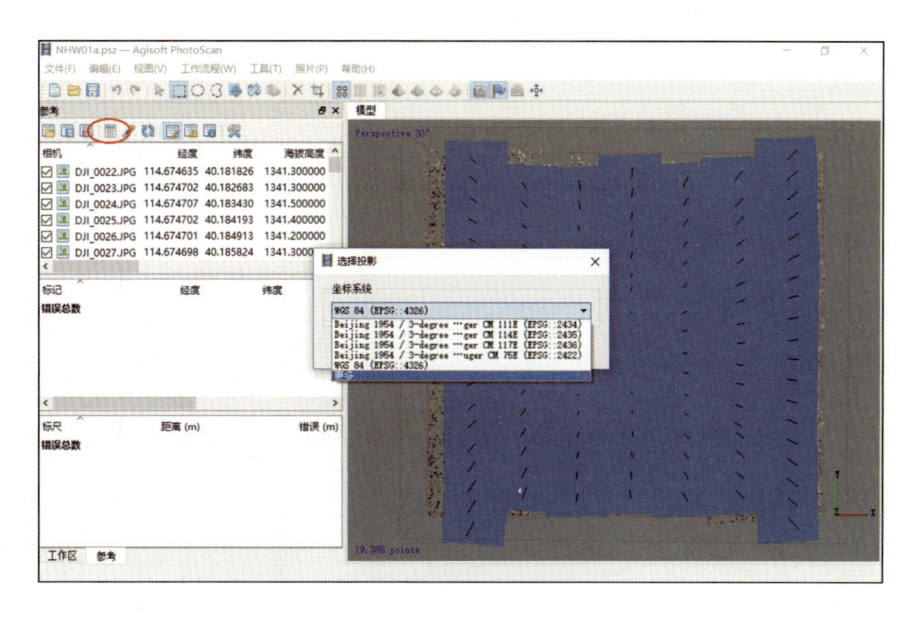

图 4.14 转换坐标系设置

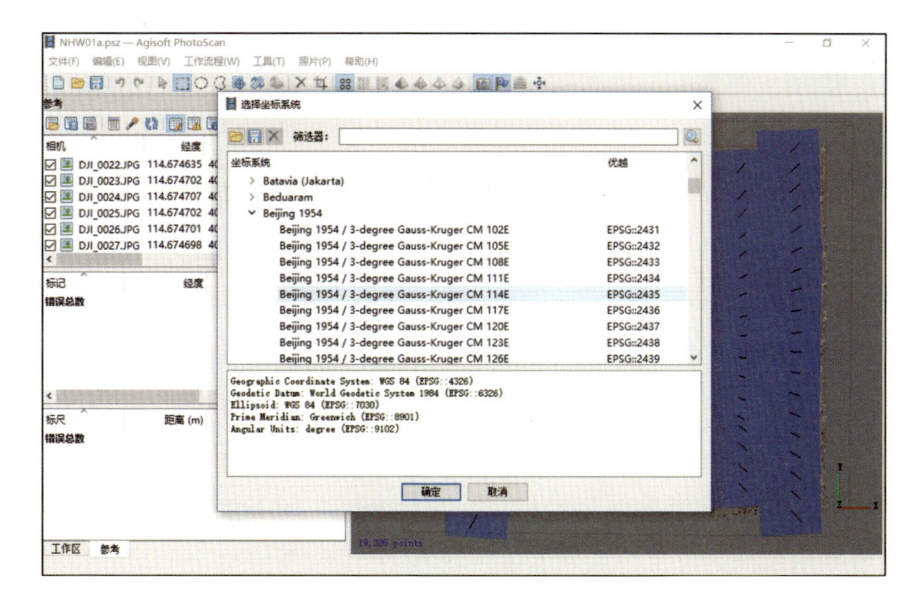

图 4.15 选择合适的投影带

择的 1954 年北京坐标系 3°投影带的中央子午线为 114°。确定后即可发现各影像的平面坐标由"经度"、"纬度"变成为"东距"、"北距"（图 4.16）。

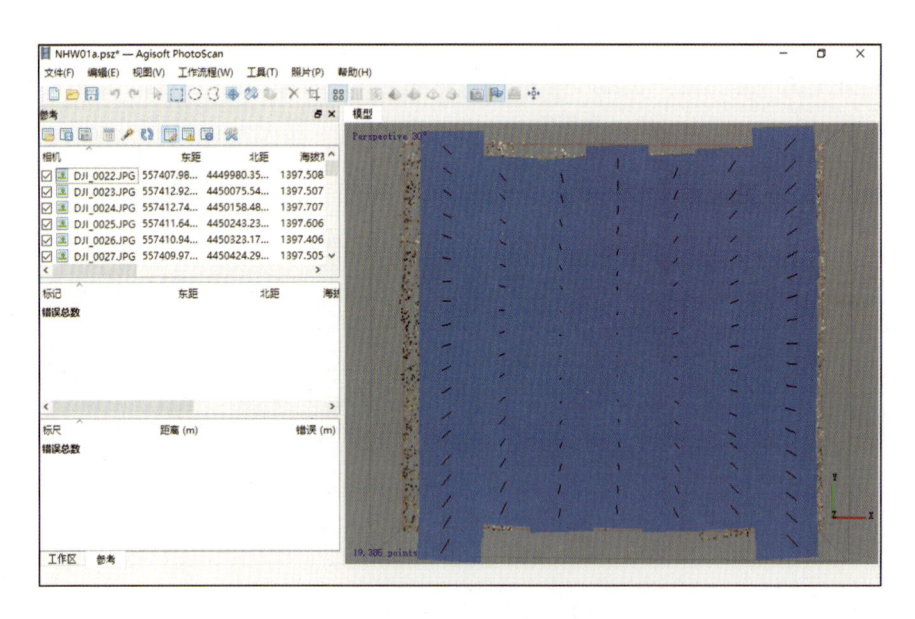

图 4.16　坐标系转换之后影像坐标的变化

如果使用测量的控制点对遗址三维模型实施控制，需要在"参考"面板中取消每幅影像编号左侧复选框中的选择。具体方法是选择其中任意一幅影像，然后通过快捷键"Ctrl + A"选择全部影像，再使用鼠标左键点击其中任意一幅影像左侧的复选框，就可以全部取消选择。然后点击"转换"图标，打开"选择投影"面板，选择坐标系为"Local Coordinates"后点击"确定"按钮，再输入各控制点坐标数据，其中 X 坐标为东坐标，Y 为北坐标，最后点击"设置"按钮，再检查控制点上的误差大小（图 4.17）。

考古遗址三维重建和坐标系设置完成之后，可以导出正射影像图、数字表面模型等成果，进而能够生成等高线图、遗址地形图等等。

第四章　考古遗址的三维重建

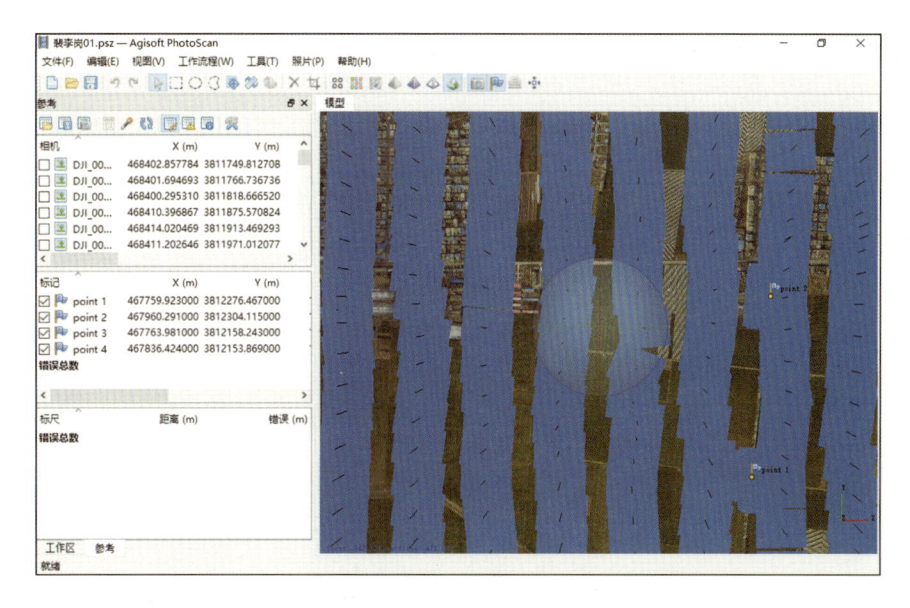

图4.17　设置控制点坐标时不能使用影像位置数据

第五节　数字表面模型分析

　　古城遗址三维数字表面模型往往能够显示城墙、城门、护城壕等重要考古遗迹的特征，为田野考古工作提供支持。安徽蒙城县坛城遗址三维重建后导出正射影像图和数字表面模型，正射影像图上显示的地表信息基本上都是农田和村镇，与现场调查时观察到的情况一样。数字表面模型通过不同色调显示地势的高低起伏之后，能够清晰地辨认出深绿色调的护城壕，浅绿色的城墙及4座城门与瓮城的结构。由此可以推测这座古城应该大致呈正方形，每面城墙上有两座城门，每座城门的外侧很可能都有瓮城（图4.18）。

　　运用考古遗址高分辨率的数字表面模型，可以在ArcGIS、Global Mapper等软件中生成等高线、河网、流域等数据模型，还能够进行淹

· 63 ·

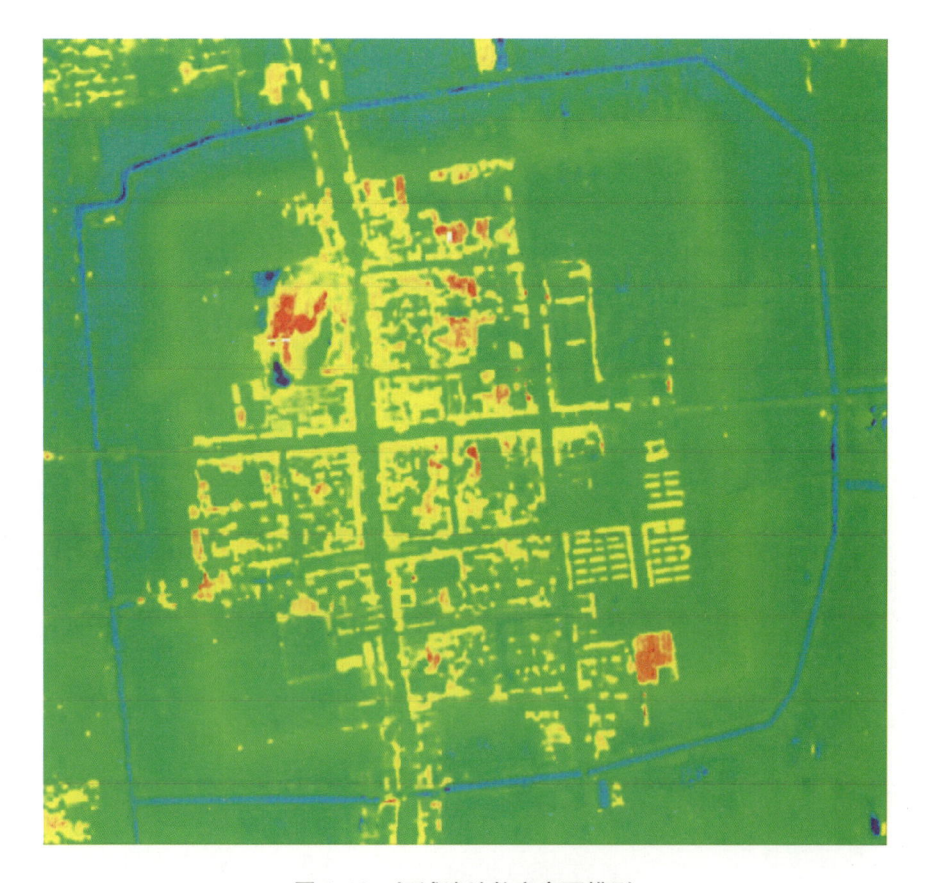

图 4.18　坛城遗址数字表面模型

没区模拟等分析。假设从城河遗址南部低洼地带开始（图 4.19），模拟水位逐渐增加后的淹没模型，就会发现水位增加 4 米后，遗址的大部分区域都被淹没，但城垣残存的最高部分尚未被淹没（图 4.20）。可以设想如果城垣保存完整，外部水位上涨后，西部至南部的城垣能够充分发挥围堰的功能，很好地阻止水流进入遗址内部，保护聚落内部居民的生命和财产安全。

江汉平原地势平坦，雨季中长江干流或汉江等主要支流洪峰通过时的水位很高，导致小型河道中水流倒灌，使一些比较高的地域也有可能被淹没，而且这种淹没与当地直接降水产生内涝的情况不

第四章　考古遗址的三维重建

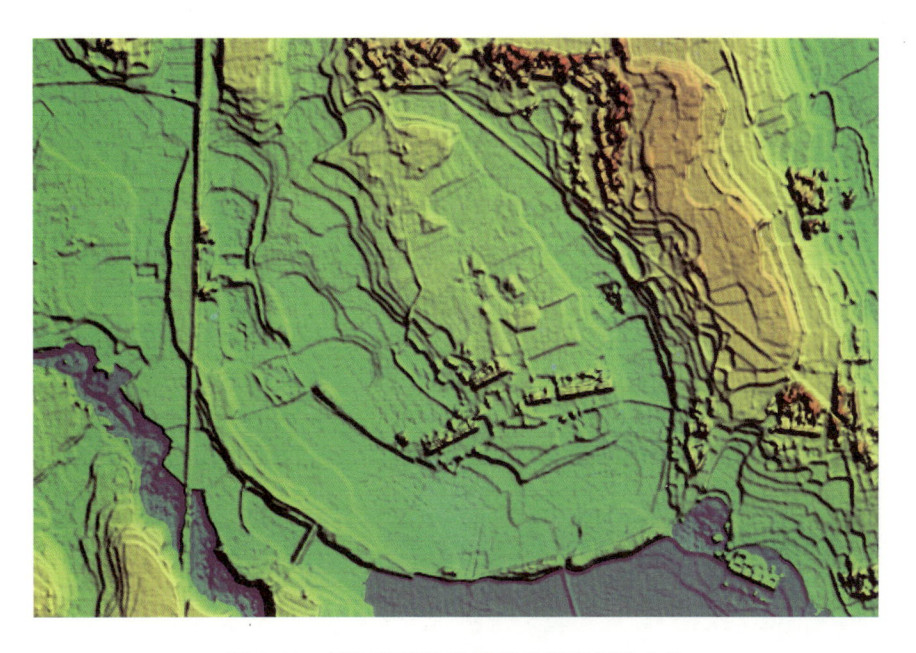

图 4.19　城河遗址淹没模型的模拟起始水位

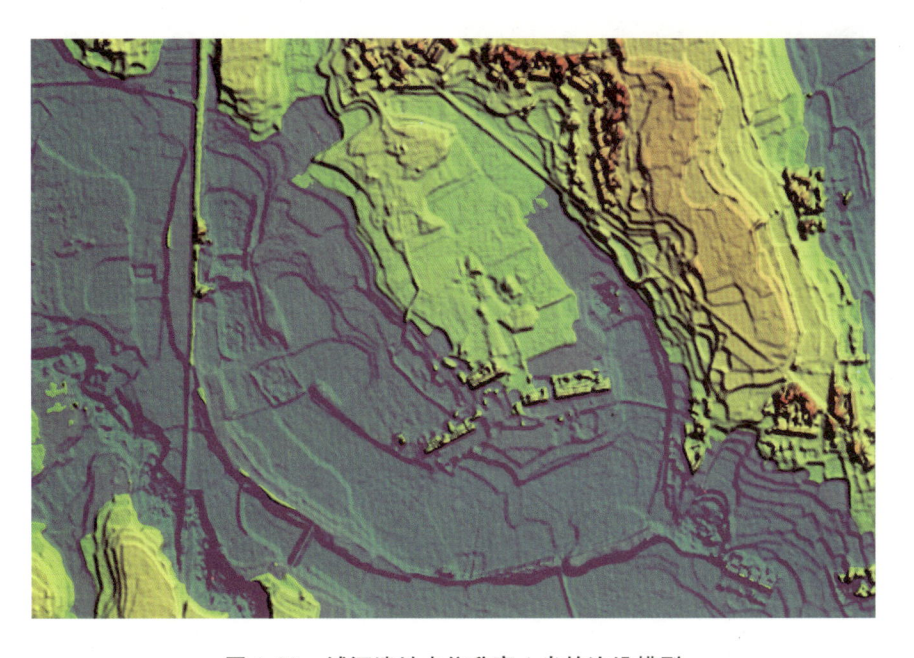

图 4.20　城河遗址水位升高 4 米的淹没模型

· 65 ·

同。2016年夏季由于水流倒灌，城河遗址中被淹没的水位略高于图4.20中的模拟水位，应该可以作为古人修筑城河围堰重要性的佐证。

当遗址内没有高大的树木、建筑物等地物时，根据数字表面模型可以在 ArcGIS、Global Mapper 等软件中直接生成等高线数据（图4.21）。

图4.21　地表裸露区域的数字表面模型及其生成的等高线模型

对于遗址内存在大量树木、建筑物的情况，需要在地理信息系统等软件的编辑状态下，加载正射影像图、计曲线、首曲线等数据，依据等高线特性，参照地表起伏情况对树木、建筑物等地物产生的等高线异常进行修复处理，使等高线能够真正反映地面起伏情况（图4.22）。不过最好还是选择树木落叶的季节拍摄考古遗址的影像，以便减少后期修改等高线的工作量。

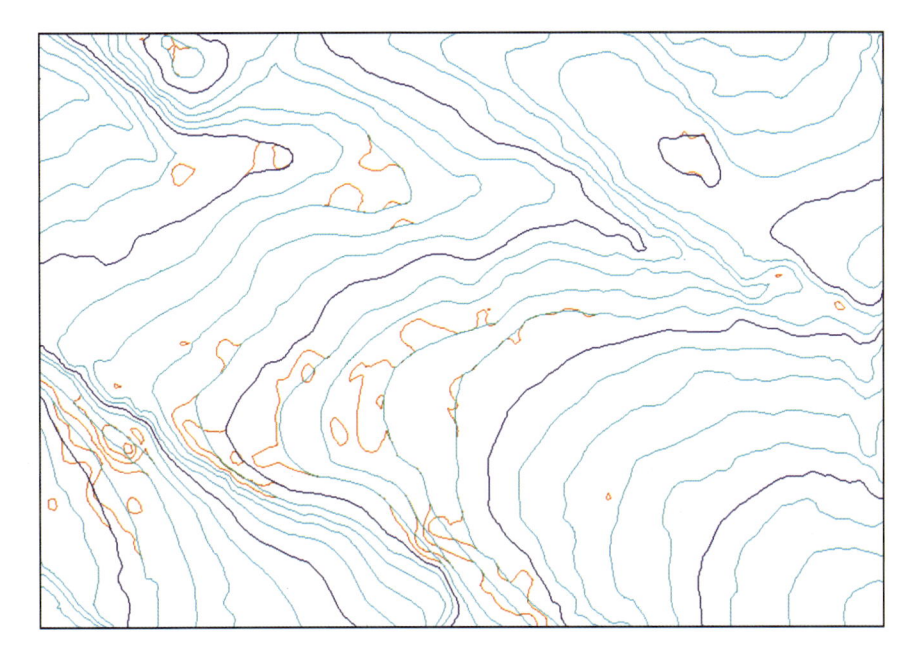

图 4.22　修改前后的等高线图（两种蓝色线条为修改后等高线）

第六节　小结

运用无人机低空拍摄技术，能够快速获取大、中型考古遗址的全方位空间信息，对遗址及其周边数平方千米乃至数十平方千米的范围进行三维重建，快速生成高质量的数字三维模型、正射影像图、数字表面模型、遗址地形图等数字成果，为遗址调查与发掘、人地关系研究、文化遗产保护、虚拟展示等提供精确的数据支撑。

考古遗址的数字三维模型，是整个遗址最全面、最真实的空间数据记录。生成的高分辨率正射影像图与精细数字表面模型，能够满足研究考古遗址的布局、结构及其与周边环境之间相互关系的需要，为探究古代人地关系模式、复原遗址形成过程奠定良好的基础。

随着农田改造、城镇建设和自然侵蚀程度的不断加剧，考古遗址的地面景观会变得越来越远离本初状态而难以重建其原貌,所以今天制作的遗址三维模型及其拍摄的原始影像数据,必将成为未来考古遗址研究的重要数据资源。

第五章　考古发掘现场的三维重建

考古发掘现场的情况多种多样，复杂的现场往往包含有发掘探方、建筑基址、车马坑、石窟、墓葬等遗迹，有时高低起伏很大，地面遗迹繁杂，测量、绘图工作的难度很大。传统的图形、影像等二维展示方式，很难使人们获得完整的空间关系信息。特别是考古发掘过程是一个不可逆的破坏过程，发掘过程中关键阶段的三维重建也显得尤为重要。

运用多视角三维重建技术，通过地面拍摄与无人机的超低空拍摄，可以全方位地获取考古发掘现场、出土文物、考古遗址等的多视角数字影像，制作成具有真实纹理的三维模型，最后导出不同平面、立面、剖面的正射影像图、数字表面模型等数字成果，成为后续考古现场分析、研究、展示和绘图等的重要依据，提高空间信息获取与遗迹绘图的精度和速度。

第一节　探方与探沟的三维重建

探方和探沟是考古发掘的基本单位，单个1米×1米至5米×5米探方的多视角影像拍摄与三维重建都比较简单，手持相机沿着探方隔梁依次拍摄即可满足三维重建的要求。而拍摄更大范围探方与探沟的多视角影像则需要认真计划，确保生成的三维模型精度高、纹理真实自然。

一 单个探方的多视角影像拍摄

拍摄单个10米×10米探方的多视角影像时应该适当提高照相机的位置，可以通过站在凳子上拍摄，或将照相机固定在支撑杆上使用快门线控制拍摄。支撑杆可以将普通的独腿架拆除脚钉，改成锁定相机的螺旋，以便将微单相机固定在支撑杆较细的一端，拍摄时手握支撑杆较粗的一端。翻转显示屏用于取景，安装好照相机快门线后即可开始拍摄工作（图5.1）。

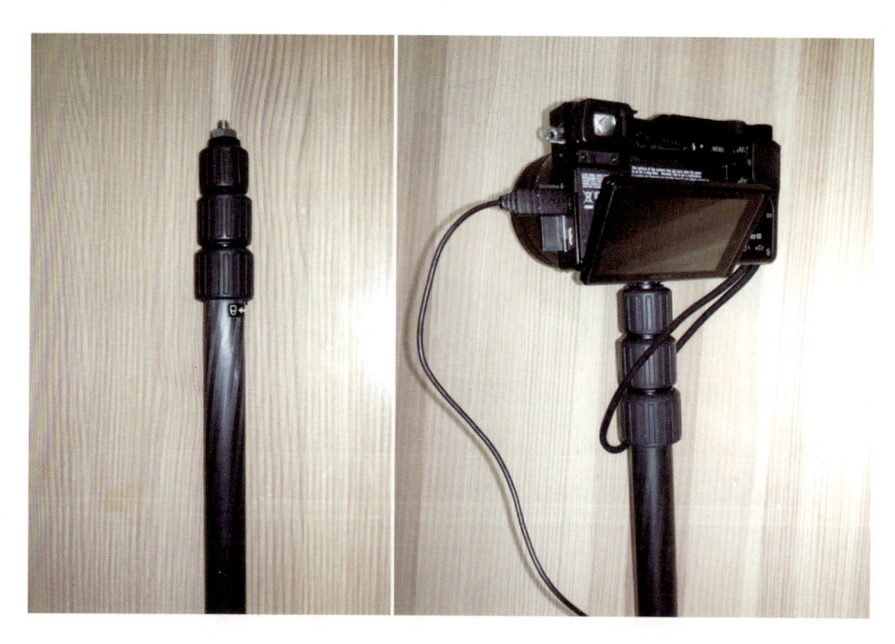

图5.1 使用支撑杆和快门线拍摄较高视角的影像

这种拍摄方式最好选用微单相机，使用翻转屏取景，快门线控制自动对焦和拍摄影像。相机上最好不安装背带，可以安装腕带，拍摄时将腕带套在支撑杆上，以免拍摄过程中背带或腕带遮挡相机镜头，影响拍摄效果。

第五章　考古发掘现场的三维重建

具体拍摄过程中，需要站在探方隔梁上和探方中拍摄三组影像。第一组拍摄使用相当于全画幅35毫米焦距的镜头，对焦点位于对面隔梁立面，拍摄范围包括对面隔梁立面及其上部少量边缘、探方内到达中部附近，依次连续拍摄对面探方隔梁，探方角附近适当从不同角度多拍摄几幅影像（图5.2相机位置A）。第二组拍摄使用相当于全画幅24毫米焦距的镜头，对焦点位于近处的探方底面，拍摄范围包括探方隔梁上部的少量边缘和探方内部稍大于一半的范围（图5.2相机位置B）。第三组拍摄时站立到探方中部附近的不同位置拍摄探方壁面，使用相当于全画幅24毫米焦距的镜头，对焦点位于探方壁面，拍摄范围主要是探方隔梁上部的少量边缘和探方壁面（图5.2相机位置C）。

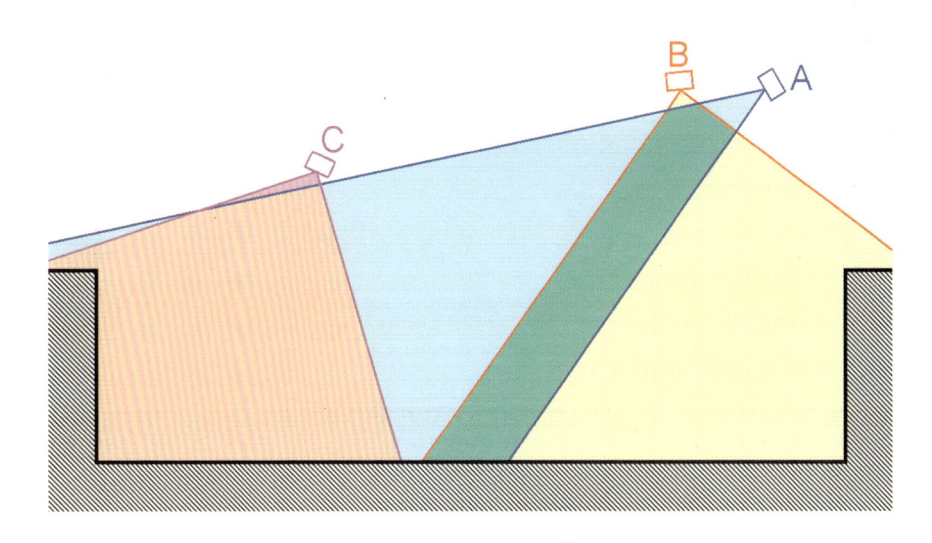

图5.2　拍摄探方3组影像的方法

拍摄探方的多视角影像时需要特别注意A组拍摄次序。假设从北侧隔梁开始拍摄（如图5.3），站在南侧隔梁上举起相机拍摄A1～A4四幅影像，其中A1稍右偏，A4稍左偏，完成北侧隔梁的拍摄。再拍摄西侧隔梁时，首先需要处理好探方的西北角，分别拍摄A5和A6两幅影像，然后站在东侧隔梁上从北向南拍摄西侧隔梁 A7，……依此类推拍摄完 A 组影像。

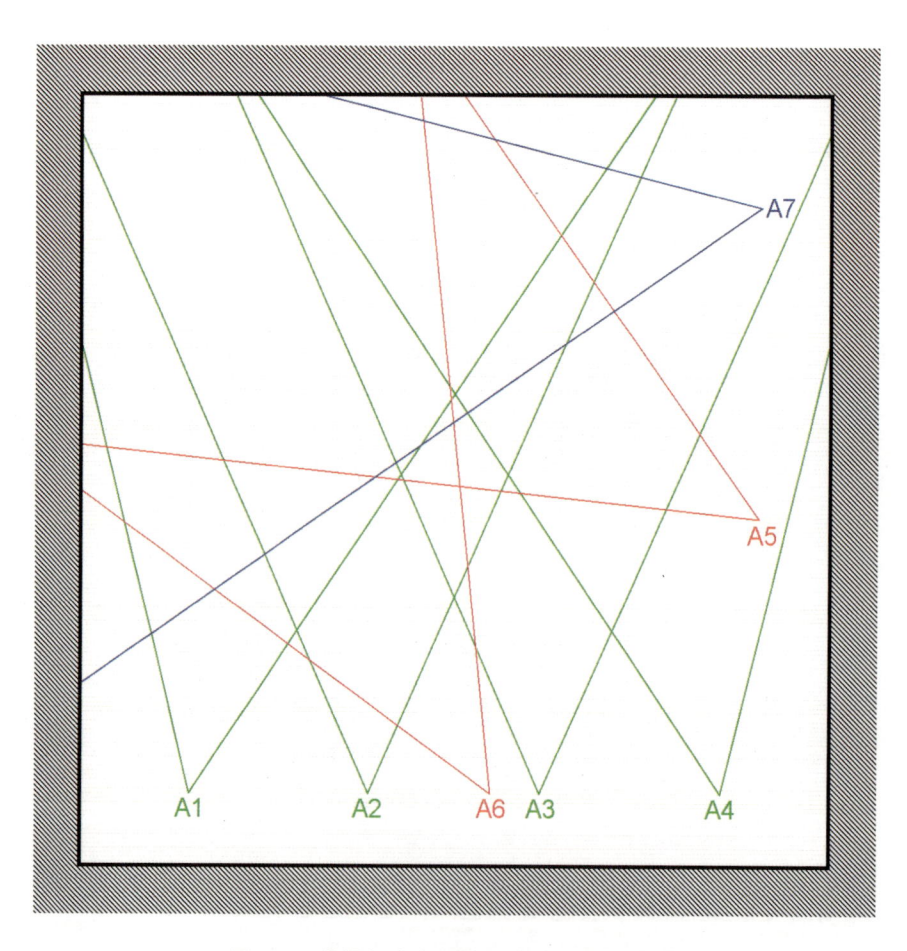

图 5.3　拍摄探方多视角影像的平面示意图

然后在探方内从不同角度拍摄灰坑、解剖沟等等起伏较大部分的局部影像，完成整个探方的拍摄，镜头焦距不大于 24 毫米。一个 10 米 × 10 米探方大约拍摄 80 幅左右的影像，相机分布位置如图 5.4 所示，最后可以导出分辨率为 1 毫米的探方平面、隔梁立面正射影像图等。

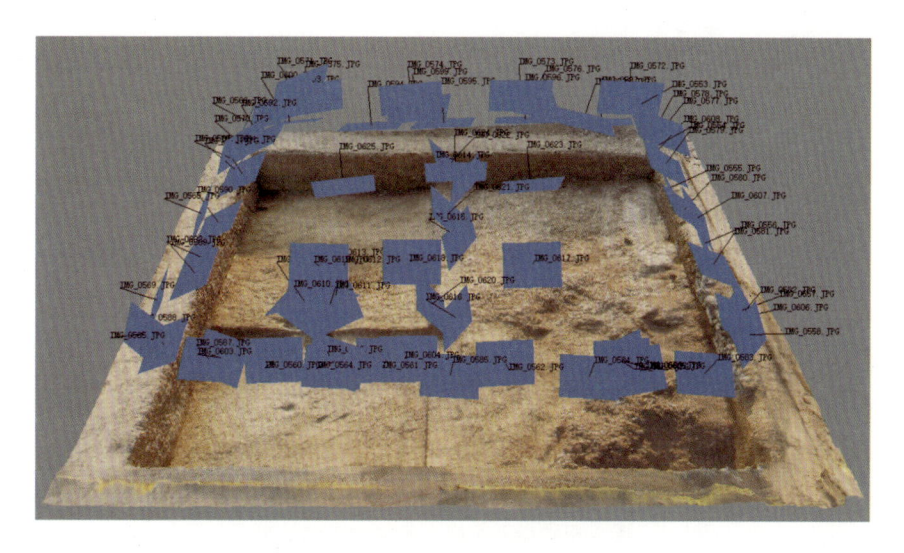

图 5.4　探方多视角影像的拍摄位置

二　多个探方的多视角影像拍摄

大范围的多个有隔梁探方的多视角影像需要使用无人机拍摄，2000 万像素（如大疆御 2 专业版）的无人机飞行高度 20 米左右时，可以生成 5 毫米分辨率的正射影像图，拍摄垂直向下和四个方向倾斜的超低空影像，其中倾斜拍摄时的飞行高度可以适当降低，但是要特别留心躲避周围的树木、电线等障碍物。

倾斜拍摄时可以东－西、南－北方向往返拍摄，也可以东北－西南、东南－西北方向往返拍摄，比较后发现第二种方法生成三维模型和正射影像的效果可能更好一些（图 5.5）。

大范围无探方隔梁的发掘区中，拍摄多视角影像就显得比较简单。一般情况下根据遗迹起伏情况进行拍摄即可，如果微地貌特征比较复杂，可以按照图 5.5 的方式进行拍摄，拍摄的范围应该比发掘区稍大一些。

发掘区周围往往留有一些树木，生成三维模型过程中即便删除了树木的密集点云数据，最后生成正射影像图时一般也会有树枝的影像

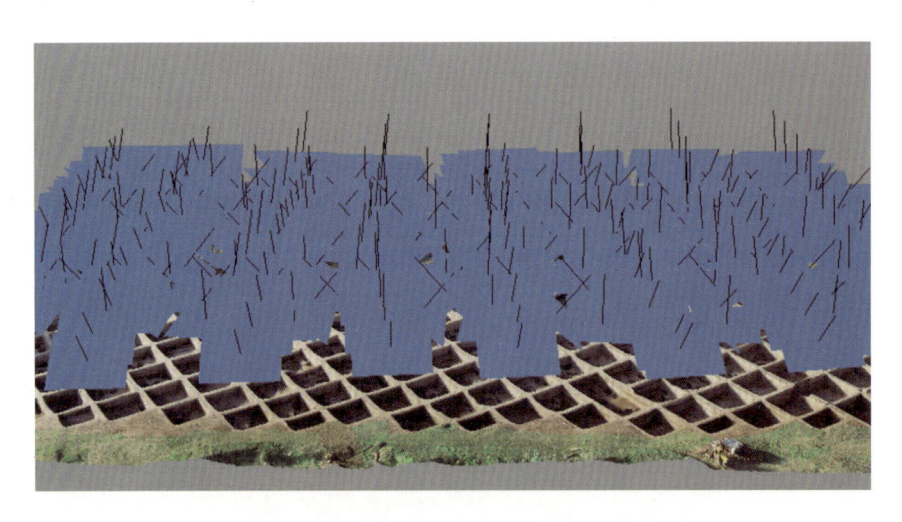

图 5.5　无人机拍摄多个探方多视角影像的拍摄位置

与遗迹混杂在一起，影响了整体影像效果（图 5.6 左）。

图 5.6　禁用部分影像前、后导出的正射影像图

第五章 考古发掘现场的三维重建

为此，在生成正射影像图之前，从不同角度选择分布于发掘区外围位置拍摄的影像（按住 Ctrl 键后可以通过鼠标左键选择多幅影像），在其中一幅影像上点击鼠标右键，选择弹出菜单中的"禁用相机"，被选中的影像将不参与后续处理（图 5.7）。然后再尝试生成正射影像图，检查生成的影像图上是否存在树木干扰遗迹的现象（图 5.6 右）。如果依然存在，则需要查看正射影像图中树木图斑的情况，找出类似图斑的原始影像并禁用，再尝试生成正射影像图。

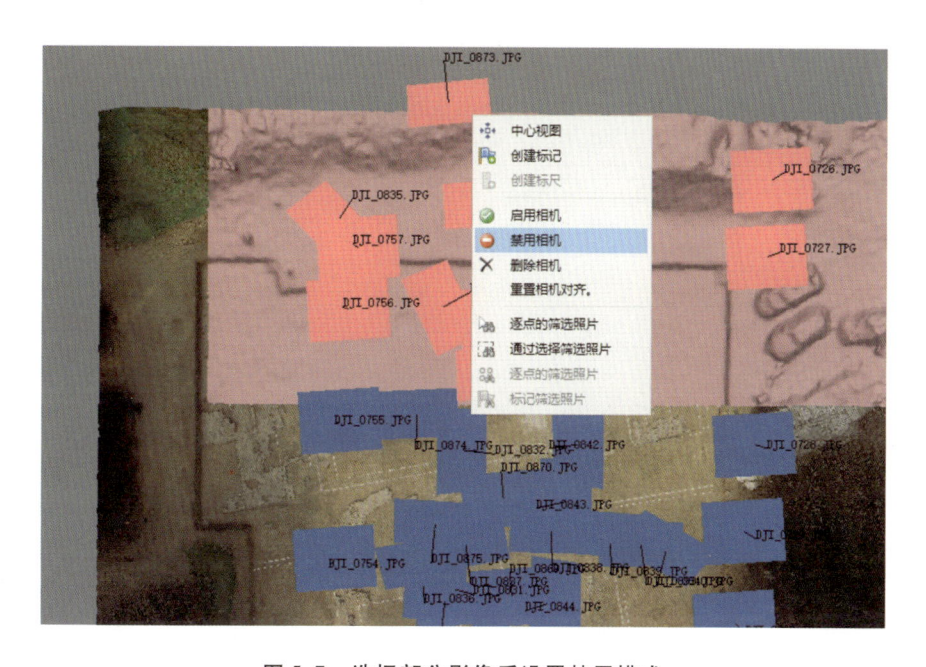

图 5.7 选择部分影像后设置禁用模式

三 复杂探沟的多视角影像拍摄

探沟的拍摄方法一般与单个探方类似，但是有些解剖城墙、壕沟的数十米长的探沟就显得比较复杂。这类探沟开口宽度一般 2 米，但是发掘到几米深的底部时常常不足 0.5 米，其顶部与底部往往都不在

· 75 ·

同一高度上。

拍摄这类探沟的多视角影像时，也应该将数字相机固定在支撑杆上（图5.1），布设并测量控制点坐标后，自上而下拍摄。上部拍摄时可以采用类似单个探方的拍摄方法，依次拍摄探沟口沿部分的地面与壁面。然后伸出支撑杆逐步向下一层一层地拍摄探沟壁面，直至拍摄到探沟底部，阴影部分与光线暗淡的区域应该使用闪光灯补光。

最后从探沟底部再次从上到下渐次拍摄，比较狭窄的部分应该使相机倾斜一定的角度，背靠一侧探沟壁面拍摄对面的壁面，每个小区域都需要从前、后两个倾斜角度进行拍摄（图5.8）。

图5.8　复杂探沟的多视角影像拍摄方式

第二节　墓葬的三维重建

敞口墓葬的拍摄方法类似单个探方，只是墓葬中如果出现腰坑、头坑等遗迹时,应该为此多拍摄一些影像。

具有穹顶或多墓室的墓葬等多视角影像拍摄就会复杂一些。以图5.9的辽墓为例,拍摄前摆放4个地面控制点标志(10厘米×10厘米),使用电子全站仪测量其相对三维坐标数值。拍摄时首先站在现在现代地面围绕墓葬往下拍摄(图5.9中浅红色的影像位置),照相机焦距35毫米左右。然后再到当时地面围绕墓葬拍摄穹顶上部、墓道等处,照相机焦距约24毫米。最后沿墓道至墓室方向,依次拍摄墓道两侧、墓门、甬道、墓室内地面、墓室内壁等等,光线暗淡的地方使用闪光灯补光,完成整个墓葬的多视角拍摄工作。

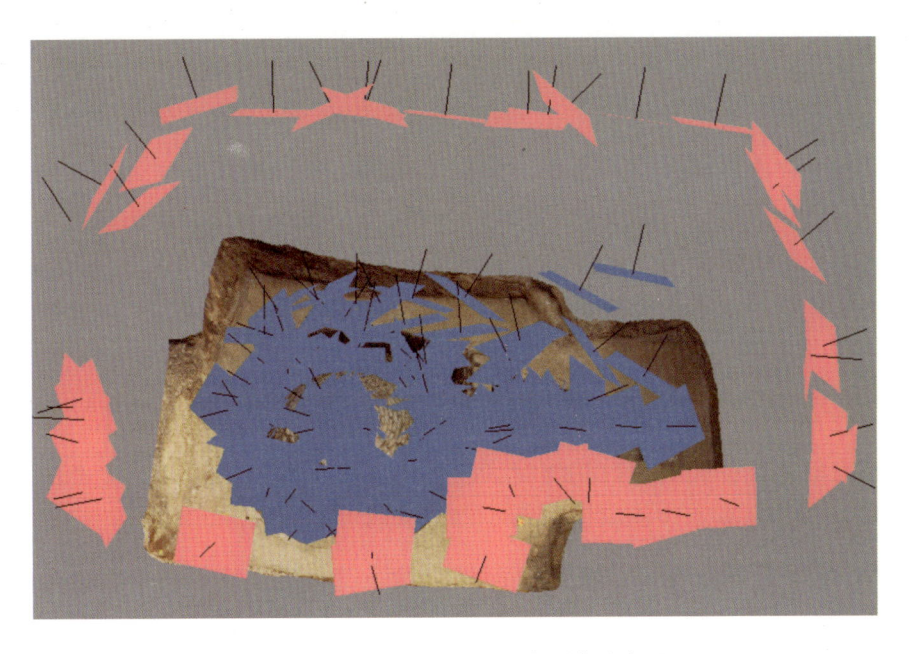

图5.9 辽墓所拍摄的多视角影像分布图

拍摄这种墓室难度最大的地方在于狭小甬道及其周边的拍摄。好在甬道较短,可以从两端分别拍摄甬道的顶部、两侧和底部,先从墓门往墓室方向拍摄,然后进入墓室由墓室往墓门方向拍摄。再从甬道地面逐渐往墓室地面拍摄，最后自墓室地面至墓室壁面、棺床、顶部等等完成全部影像的拍摄。

由于拍摄现场往往只有笔记本计算机可供使用，数据处理能力非常有限，影像数目比较多的时候需要把原始影像缩小（如 6000×4000 像素的影像备份后缩小成 3000×2000 或更低至 1800×1200 像素），或者进行分组（每组 100 幅左右的影像）后进行初步处理。检查初步处理结果，如果有遗漏区域，需要立即进行补充拍摄，如果没有遗漏区域，可以回到办公室内使用图形工作站进行处理。

墓室里拍摄的影像往往比较暗淡，需要调整全部影像的亮度和反差，使其亮度适中，以便在 Agisoft Photoscan 软件中生成精确的三维模型。三维重建之后需要精确标注控制点位置，输入控制点坐标，然后便可导出辽墓的俯视图等成果。在三维模型中选择并删除左侧部分，导出右侧的立面影像图就是墓葬右侧的剖视图。在三维模型中选择并删除左、右两侧模型，仅留下中部较窄的部分，导出右侧的立面影像图即为墓葬的中部断面图，断面图需要使用其他图像处理软件进行一些修整。最后再对各种正射影像图进行排版，绘制比例尺（图 5.10）。

拍摄多墓室墓葬的多视角影像时，需要使用闪光灯补光，拍摄时注意控制好相机角度，使每幅影像上没有阴影或阴影面积最小。狭小墓室空间内使用闪光灯拍摄时，主要通过合理设置感光度、光圈的数值来获取曝光合适的数字影像。

具体拍摄工作可以先从墓门外开始，门楼需要从不同角度进行拍摄，完成后拍摄门楣、门框、地面等遗迹，再进入前墓室拍摄墓门的地面、门框、门楣，然后从墓门的地面逐渐往前墓室中部拍摄，乃至整个前墓室地面，再从下往上一层一层地拍摄壁面，保持相邻的两幅、两层影像之间拥有 60% 以上的重叠。完成前墓室拍摄后，采取前文类似的拍摄方法进入主墓室，并最终完成全部影像的拍摄（图 5.11）。

第五章 考古发掘现场的三维重建

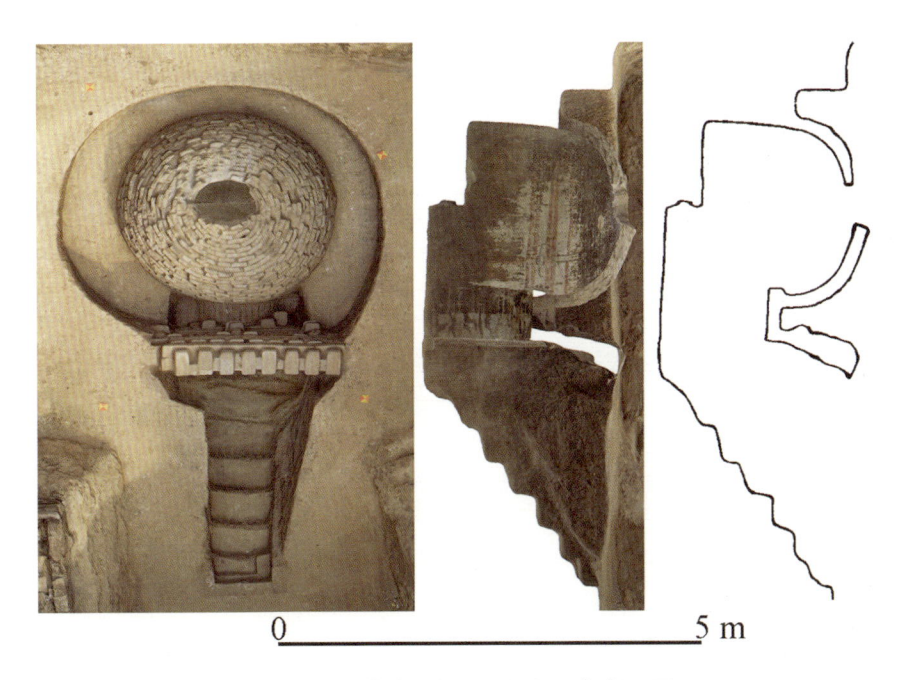

图 5.10 辽墓的俯视图、剖视图与断面图

图 5.11 多墓室墓葬所拍摄的多视角影像分布图

最后在前墓室地面四角附近摆放4个控制点标志，如果没有电子全站仪，可以使用钢卷尺精确量取控制点所组成的四边形中4条边和两条对角线的长度，量取每条边的长度时都拍摄影像记录所量取边长的位置和具体尺寸（避免笔录时出现错误）。然后再拍摄包含控制点标志的前墓室地面多视角影像。

数据处理时，可以首先根据控制点四边形边长与对角线的长度数据，在Auto CAD等软件中绘制四边形，然后选中四边形，将鼠标分别放在每个角点上，角点的颜色由蓝色变成红色后，左下角就会显示该点的平面坐标。

三维重建过程中，将墓葬的全部多视角影像加载到Agisoft Photoscan软件中，处理"工作流程"第一步"对齐照片"后，把工作区调整到前墓室地面部分，生成密集点云、网格和纹理后，精确标注四个控制点位置，并输入坐标数据。然后选中具有控制点标志的影像并禁用，再生成整个墓葬的密集点云、网格和纹理，生成不包含控制点标志的墓葬三维模型。最后点击"参考"面板中设置控制点按钮，检查各控制点的坐标数值，完成三维模型坐标控制，通过删除模型右侧、底部、左侧等方式，导出墓葬左立面、顶部、右立面等的正射影像图（图5.12）。

该墓葬拍摄时使用的数字相机可以记录影像的拍摄位置信息，在墓室内拍摄时影像位置的经度、纬度和高程数据均为0，Agisoft Photoscan软件处理第一步"对齐照片"完成后看不见任何点云。检查后在"参考"面板中取消每幅影像左侧复选框中的选择状态，点击"设置"按钮并确认之后，点云才能够正常显示（图5.13）。使用手机和可记录位置的相机在小范围内拍摄小型文物的多视角影像时，每幅影像的经度、纬度、高程数值往往都是一样的，相当于同一个空间位置拍摄了一组影像，所以在三维重建之前必须取消每幅影像左侧复选框中的选择状态（图5.13）。

第五章 考古发掘现场的三维重建

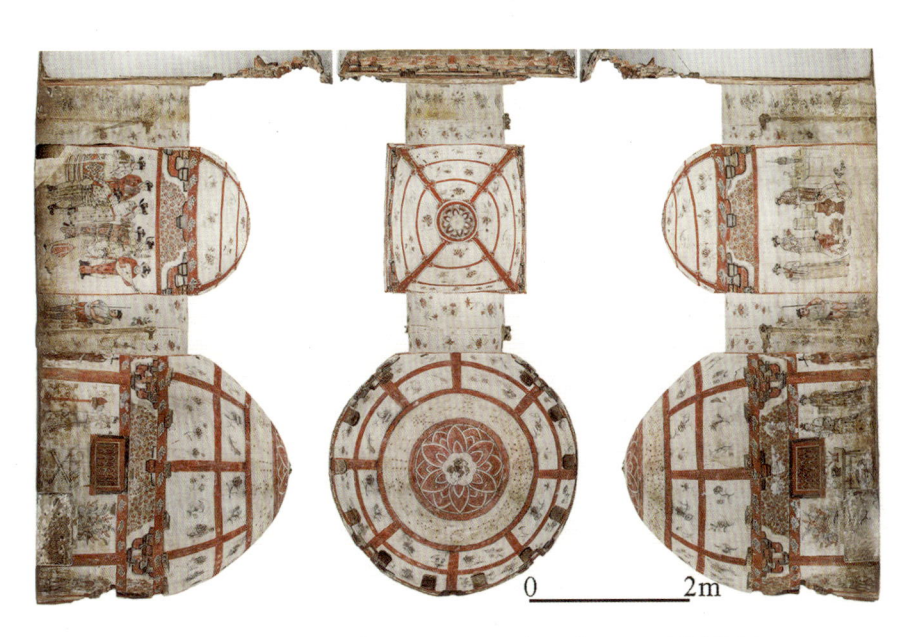

图 5.12 多墓室墓葬的左立面、顶部、右立面正射影像图

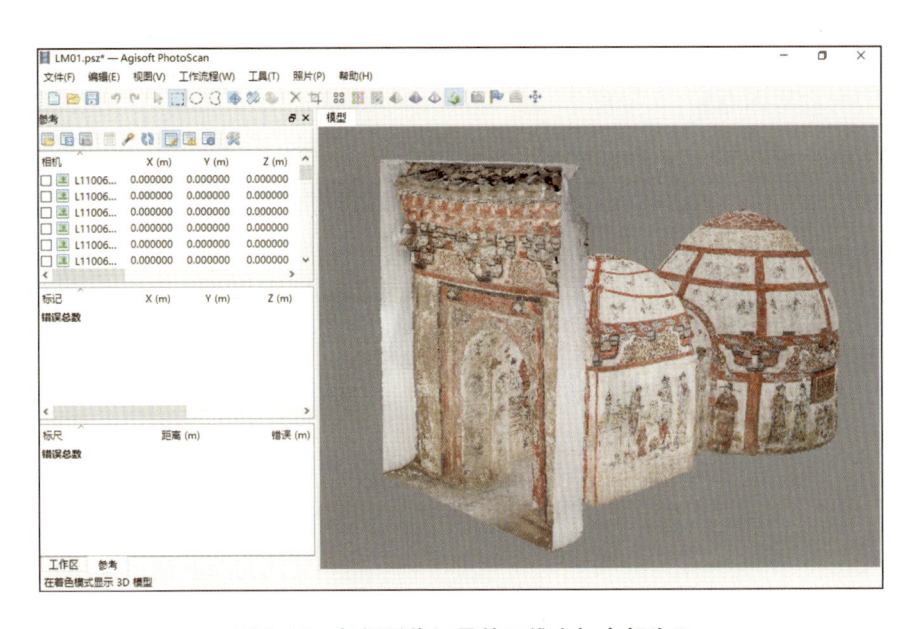

图 5.13 每幅影像记录的三维坐标全部为 0

第三节　石窟的三维重建

石窟是依山势从山崖壁面向内部纵深开凿的古代寺庙建筑，是佛教建筑与佛教文化发展、演变的载体，内部一般装饰有雕凿或泥塑的佛像，中心石柱雕造有佛龛与佛塔，内壁往往绘制有表现佛像或佛教故事的精美壁画等等。石窟一般开凿于岩性较软的山崖中，经历数百至上千年的自然与人为因素的侵袭，残存状况都令人非常担忧。随着很多著名石窟被开发为旅游景点，日益增多的游客对石窟的保护造成了极大的威胁。为此，石窟的三维重建、数字存档与虚拟展示等就显得尤为重要。

单个石窟的大小、形制、结构等都各有差异，平面一般呈成长方形、马蹄形、方形等，有时中部有中心柱。拍摄石窟的多视角影像也需要根据其各自特点，制定具有针对性的方案。

一　云冈石窟 13 号窟

云冈石窟的 13 号窟为单窟形制的交脚弥勒菩萨像洞窟，主像高达 13 米左右，头戴宝冠，颈佩项圈，胸前璎珞，坐于方座之上，交脚垂地，左手抚左膝，右手上举作无畏印。石窟顶部呈方形圆角并微微隆起，窟前并无前室或前殿，但是有近年的保护性建筑，窟内光线暗淡，影像拍摄的难度很大。

为了完成云冈 13 号窟的多视角影像拍摄工作，需要使用支撑杆架高相机的位置，同时开启闪光灯进行补光。相机的翻转屏可以取景，快门线控制拍摄，石窟内照明灯光用于辅助对焦（窟内没有光源或亮度不够时，需要使用强光手电照明以辅助对焦）。多视角影像拍摄从顶部开始，站在地面不同位置以镜头焦距 70 毫米向上拍摄。壁面的上部和中部都是站在梯子上支起相机拍摄，镜头焦距 35 毫米左右，近距离拍摄时使用16~24毫米左右的焦距。然后再从保护性建筑3层通过石窟的明窗拍摄大佛前部、面部、肩部、臂部等的多幅影像。壁面下部的影像可以站在地面进行拍摄，佛像背部与崖壁相连的部位也需要补充拍摄一些多视角影像（图5.14）。最后在地面布设4个控制点标志，拍摄完成地面的多视角影像之后，使用钢卷尺精确测量控制点相互之间的距离，再转换成各点的相对三维坐标。

图5.14 从明窗、梯子和地面拍摄大型石窟内的多视角影像

全部多视角影像拍摄完成后，应该检视石窟内各个部位，查看有无漏拍的情况，对可能拍摄角度不佳的部位再补拍几幅影像。然后将全部影像拷贝到计算机中，首先统一调整全部影像的亮度，使全部影像的亮度大体一致，再进行多视角三维重建等处理，最后导出正射影像图等数字成果（图 5.15）。

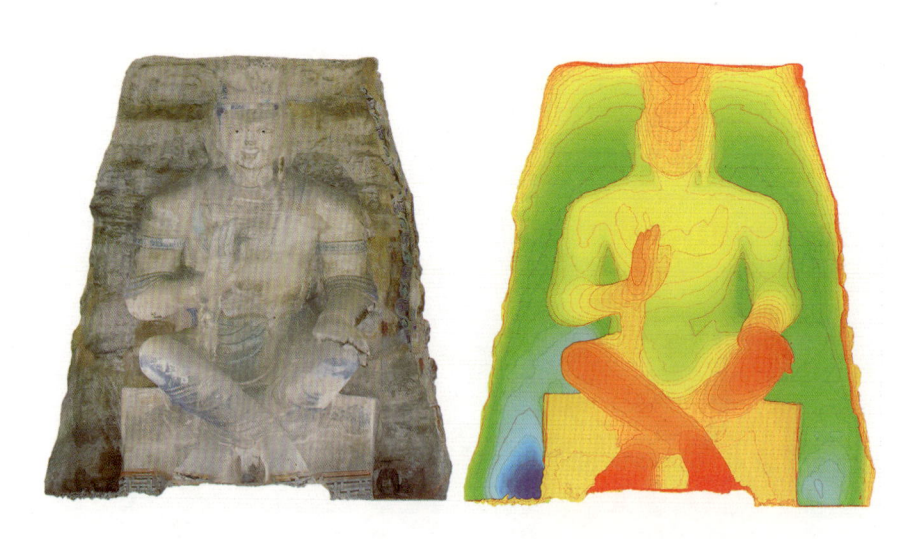

图 5.15　云冈石窟 13 窟主佛正射影像图与数字表面模型

二　克孜尔石窟 8 号窟

克孜尔 8 号石窟的前室空间很大，出入口很小，光线非常暗淡，有中心柱，两侧的甬道狭窄，为多视角影像的拍摄工作带来诸多不便。

拍摄多视角影像之前首先在前室内摆放 4 个测量控制板标志，方向与石窟前室壁面方向一致，使用激光测距仪精确测量控制点相互之间的距离，再转换成各点的相对三维坐标。拍摄影像时使用 4 只 LED 摄影灯照明，其中两个摄影灯使用三脚架支撑，摆放在拍摄区域附近的合适位置，并随着拍摄进展不断移动位置。另外 1~2 个摄影灯安排辅助人员拿起，跟随拍摄人员的照相机不断调整位置和光照角度，确保每幅影像的亮度基本合适、大致均匀。

拍摄多视角影像从石窟的前室开始，分别对各个壁面、顶面、地面等依次拍摄，每个部位至少拍摄不同角度的三幅影像，特别要注意处理好不同面之间转角部分，水平转角从左、右进行交叉拍摄，竖直转角需要从上、下进行交叉拍摄。拍摄距离较远的顶面时一般使用35毫米左右的焦距，拍摄地面和壁面时一般使用24毫米左右的焦距。前室拍摄完成后，进入一侧的甬道继续拍摄，甬道入口处转角较多，一般从地面由前室往甬道内拍摄，同时需要从上下左右不同角度拍摄转角处壁面的影像。首先从前室往甬道方向拍摄甬道入口处，然后从甬道往前室方向再拍摄一次转角处。甬道内比较狭窄，需要使用更短的16毫米左右焦距的广角镜头倾斜角稍大一点进行拍摄，照相机应该使用翻转屏取景，靠近甬道一侧的壁面倾斜拍摄另一侧的壁面。然后再依次拍摄后室和另外一侧的甬道，特别要注意各个转角处的影像拍摄方法，完成整个石窟的拍摄（图5.16）。

拍摄结束后可以将影像复制并且缩小，对缩小的影像进行快速三维重建，分析三维模型的重建效果，若有效果不佳或遗漏的部位，需要返回石窟内进行补拍。缩小影像生成的三维模型准确无误后可以离开现场，调整全部影像亮度后制作三维模型，导出石窟的各平面、立面等正射影像图（图5.17）、数字表面模型等成果。

在对石窟进行三维重建过程中，需要有针对性地选择多视角影像的拍摄方法和合适的补光照明方式，才能快速而精确地制作具有真实纹理的数字三维模型，全面记录佛教文化遗产的空间信息，为之后的发掘报告整理、考古学研究、数字博物馆展示等奠定丰厚的数字材料基础。精确的三维模型必将是数字博物馆建设与展示的主要内容，石窟遗址的调查与发掘现场、出土文物及其遗址周边环境都可以进行三维重建，然后通过立体视频、展示触控屏、虚拟展示头盔等多种技术，为参观者呈现丰富多彩的内容与身临其境的视觉体验。

图 5.16　克孜尔 8 号石窟多视角影像位置

图 5.17　克孜尔 8 号石窟的顶面正射影像图

由石窟数字三维模型制作而成的虚拟现实教学、展示材料，使石窟考古方面的学生和爱好者不需要到达现场也能够观察石窟的整体结构与壁画场景、布局等的各个细节。虚拟现实的教学展示材料可以调整好合适的亮度，加载相关介绍的音频内容，获得比实地参观石窟更好的视觉效果，以便减少到石窟参观的游客数量，也能减少石窟遭受水汽、二氧化碳等的侵害。

石窟类文化遗产都已经经历了数百乃至上千年的时光洗礼，保存现况均不容乐观，急需将各个石窟制作成数字三维模型进行存档。多视角三维重建技术的运用恰逢其时，能够胜任各种石窟快速而精确的三维重建工作。数百年之后，很多石窟应该都会更加残损乃至消失，而今天制作的石窟数字三维模型却能够永远存储在硬盘之中，并随着虚拟现实、增强现实等展示技术的发展和成熟而不断焕发出新的光彩。

第四节　复杂考古发掘现场的三维重建

对于范围比较大、高低起伏明显的发掘区，需要首先使用无人机进行拍摄。无人机无法拍摄的隐蔽区域可以从地面使用数字相机进行补拍。太原蒙山大佛及其建筑基址发掘区，地表起伏达到40余米，大佛前后纵深近30米，使用地面拍摄方法无法获取全部的多视角影像，必须使用无人机才能够拍摄满足三维重建要求的多视角影像。拍摄时首先安置相机垂直向下拍摄整个遗址区域的影像，然后使相机倾斜45°左右拍摄有高低起伏的区域，最后再安置相机水平位置拍摄垂直的立面。同时根据不同纵深还应该从不同位置拍摄，有的区域甚至需要从地面进行拍摄，确保遗址内的各个平面、立面都不会出现遗漏的情况（图5.18）。

然后对全部影像进行处理，生成具有真实纹理的蒙山大佛三维模

图 5.18　蒙山大佛遗址多视角影像位置图

型后，即可导出模型数据、平面和立面的正射影像图、数字表面模型，最后根据数字表面模型再生成等值线图（图 5.19）等成果，为后续研究和报告出版提供合适的正射影像图等材料。

　　拍摄大型墓葬等发掘区时，为了拍摄茔墙、墓道等遗迹的平面、立面多视角影像，应该首先使用无人机从不同高度俯视拍摄（如 20 米和 10 米的相对高度），拍摄范围应该稍大于发掘区范围，以便使发掘区周围的部分现代地面也能够生成三维模型。然后适当降低无人机的飞行高度，使相机倾斜 60°~40°从不同角度转圈拍摄茔墙、墓道等遗迹的立面影像，最后如有必要，可以考虑手持无人机或照相机，多角度地补充拍摄狭小空间里的立面影像（图 5.20）。

　　无人机从不同高度、不同倾斜角度拍摄一组影像时，每幅影像记录的高程数值往往会有较大的误差，如果利用这些位置数据进行处

第五章 考古发掘现场的三维重建

图 5.19 蒙山大佛前立面 0.5 米等值线图

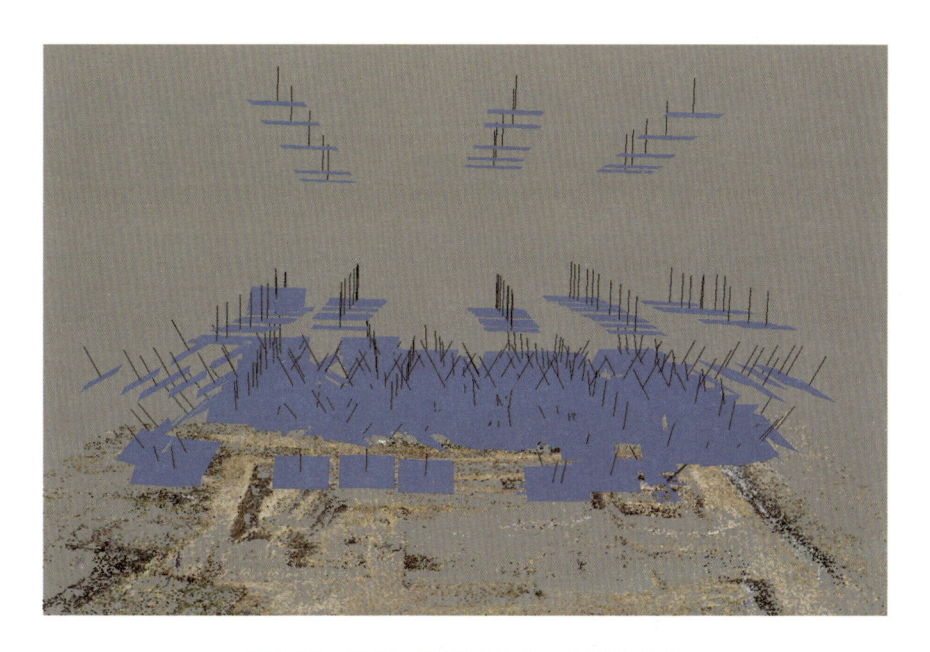

图 5.20 拍摄大型墓葬的多视角影像位置

理，可能会导致发掘区底部产生明显的断层，不能生成完整的三维模型，这种断层能够从旋转到合适角度的密集点云中清晰地显示出来。解决办法是在三维重建的"对齐堆块"处理之前，从"参考"面板中取消每幅影像左侧复选框中的选择状态，使影像的位置信息不参与"对齐堆块"的处理。

如果最终需要使用每幅影像的位置信息对模型进行定位，则只需在"对齐堆块"的处理之后，选择"参考"面板中每幅影像左侧复选框中的选择状态，再点击"设置"按钮后确认即可。

第五节 小结

考古发掘现场要面临各种尺寸、形状、材质的遗迹、遗物和现象，在对其进行三维重建过程中需要有针对性地设计多视角影像的拍摄方法，精确制作出具有真实纹理的三维模型，为考古学研究和文化遗产的保护、展示等工作提供支持。精确的数字三维模型必将是数字博物馆建设与展示的重要内容，遗址的调查与发掘现场、出土文物及其遗址周边环境都可以进行三维重建，然后通过立体视频、增强现实、虚拟展示等多种技术，为参观者、学生乃至研究人员呈现丰富多彩的内容与身临其境的视觉体验。

考古发掘现场的三维重建既可以建立文化遗产的三维模型档案，为以后的遗址分析、研究积累高精度的三维模型数据。也可以导出俯视、仰视、正立面、侧立面、剖面等的正射影像图，据此可以直接出版发表，或在绘图软件中绘制各个平面、立面、剖面的线划图，提高绘图的精度和速度。

考古发掘工作可以理解为一种不可恢复的地层破坏过程，为了揭示埋藏在地下的遗物、遗迹和现象，往往需要以破坏上部的地层和现象为代价。有时上部地层中出现的现象不甚明显，信息量很少，很难对遗迹进行准确的判断。待到能够较为完整地显露下部地层中更多的遗迹、现象时，上部地层往往已经基本上被清理完毕，无法进行有效的比较和分析。而不同地层的三维重建可以很好地避免类似问题，为不同地层间遗迹、现象的分析、判断提供全面支持。

第六章　可移动文物的三维重建

考古调查、发掘现场出土的可移动文物的三维重建，对于其空间信息获取、绘图、存档以及数字博物馆建设、虚拟展示等都具有极其重要的意义。而可移动文物往往形状千变万化，材质多种多样，色调深浅不一，尺寸、体积差异很大，表面平整、粗糙程度各不相同。将其放置在台面上拍摄多视角影像时，总会有与支撑台面接触的部分无法拍摄影像。很多文物非常脆弱，也不能通过细杆支撑、线绳悬挂等方式进行悬空拍摄。所以经过大量尝试之后，发现 Agisoft Photoscan 等软件中具有模型拼接的功能，为可移动文物的快速整体三维重建提供了可能。

为了生成包含可移动文物各个部分的整体三维模型，其多视角影像需要分两组进行拍摄，然后在 Agisoft Photoscan 等软件中分别生成密集点云，通过密集点云合并生成完整文物的密集点云，最后生成纹理完成可移动文物的三维重建工作。

多视角三维重建技术生成的三维模型没有真实的空间关系信息，不能直接量取模型上空间点位之间的距离等数据，所以在进行多视角影像拍摄时必须设立 3 个以上的控制点。最简单的办法是使用坐标纸对可移动文物进行坐标控制，但使用制作精良的测量控制板能够获得很高的测量精度。

拍摄可移动文物多视角影像的数字相机最好具有可翻转的显示

屏，便于从不同角度对文物进行取景、拍摄。理想的拍摄环境是将文物放置室外走廊的阴影下或使用大遮阳伞，避免阳光直接照射到文物。相机设置成手动档（M档），选择文物最亮部分测光，设置光圈与曝光时间，使其曝光合适，一件器物的影像最好使用相同参数设置，较暗部位可以曝光稍弱，必要时可以使用软件调整影像的亮度与反差。光圈数值最好选择8或10，这是每只镜头成像最佳的光圈，而且具有较好的景深。曝光时间应小于1/60秒。一般相机的感光度设置在100~400之间，少数高感光度相机可以增加。手动设置白平衡为日光或阴天等模式，因为自动白平衡模式在拍摄不同角度影像时，往往会由于白平衡模式的变化，导致相邻影像之间出现色调差异很大的情况。对焦模式选择中心位置单点、单次自动对焦。尽量不使用闪光灯拍摄，如果必须使用，应该启用闪光灯的TTL模式。

第一节　石刻佛像的多视角影像拍摄

本节涉及的石刻佛像为大小不等的圆雕、透雕可移动文物，很多佛像的表面结构较为简单，但也有包含一些镂空结构的复杂表面佛像。石刻佛像的多视角影像也应该分两组进行拍摄，比较简单的方法是拍摄第一组影像时，将佛像放置在平整、稳定的小台面上，台面上同时平整地摆放坐标纸，佛像正面的方向与坐标纸的一组格网方向一致（图6.1），以便后期能够直接导出不同立面的正射影像图与数字表面模型等数字成果。

拍摄佛像的第一组多视角影像时，可以按照图6.1中红色箭头指示的方向围绕佛像拍摄3圈影像，这样围绕佛像的头部、肩部、腰腹部拍摄各个角度的影像后，再对佛像的下巴、腋下、胳臂等处适当补拍一些影像，确保各个部位没有遗漏，佛像的每个部位应该拍摄于三幅不同角度的影像上，但同时要避免相同角度过多的重复拍摄。拍摄

考古现场多视角三维重建

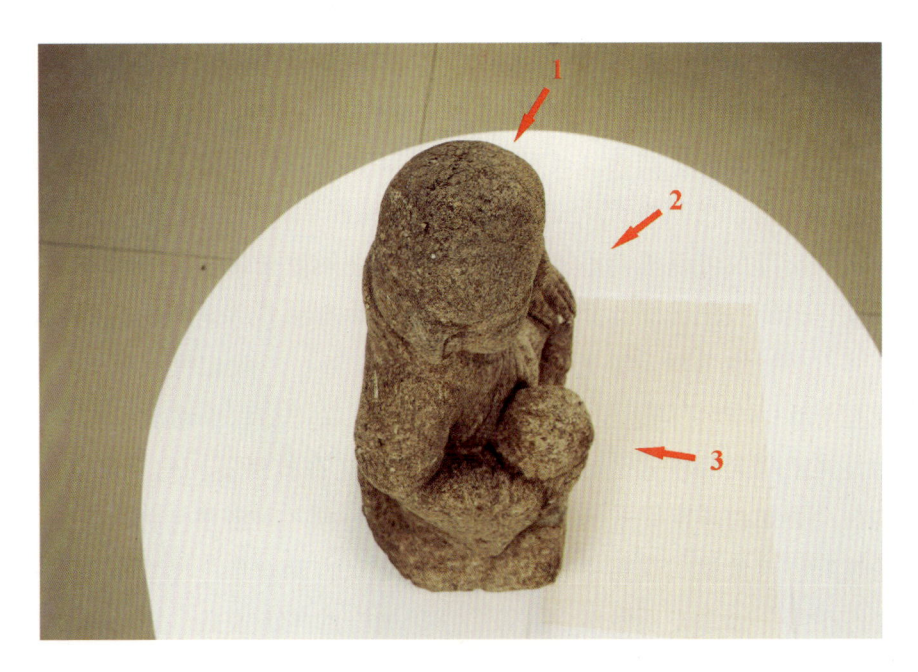

图 6.1　佛像与坐标纸一起进行拍摄

第二组影像时可以将佛像横置，直接放在另外一个台面上，垫高佛像底部，按照图 6.2 中红色箭头指示的方向围绕佛像底部、背部、侧面拍摄另外 3 圈的影像，围绕底部周边最好再增加拍摄一圈的影像。

两组影像中的第一圈拍摄 5～6 幅影像，第二、三圈分别拍摄 18～20 幅影像。整件器物拍摄大约 100 幅影像即可。其中拍摄第二组影像时不需要使用测量控制板或坐标纸，但是必须与拍摄第一组影像时使用不同位置安放的不同台面。如果在同一个台面上拍摄两组多视角影像，拼合生成的两组点云数据往往会以共同的台面为参照进行配准，无法生成完整的佛像三维模型（图 6.3）。

多次拍摄不同形制、大小的可移动文物的多视角影像进行三维重建后，发现凡是围绕文物拍摄一周的应该是 18～20 幅影像，即便是比较小型的文物也是这个数目，太少了往往无法生成完整的三维模型，太多了没有必要，而且会增加数据处理的时间。在进行三

第六章 可移动文物的三维重建

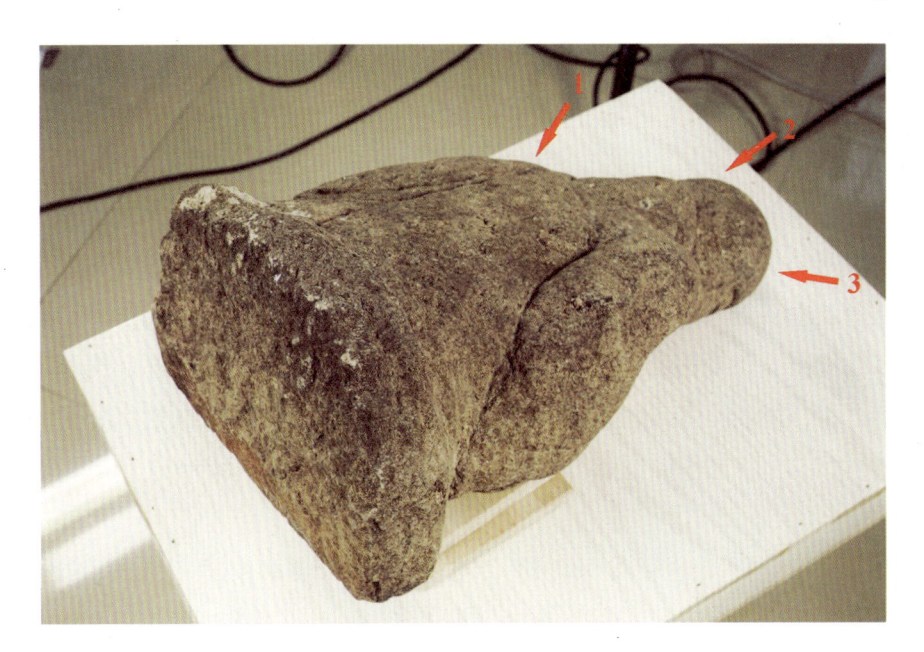

图6.2 佛像放置在另一个台面上进行拍摄

图6.3 同一台面拍摄两组影像合并堆块后的点云模型

· 95 ·

维重建之前，应该首先检查全部数字影像的亮度、反差是否合适。对于亮度暗淡、反差低平的影像，应该设置合理的参数对全部影像进行调整。

在 Agisoft Photoscan 软件中，首先建立两个"堆块"分别加载拍摄的两组多视角影像。其中第一组拍摄的影像要运用"工作流程"菜单中"对齐照片"、"建立密集点云"、"生成网格"、"生成纹理"的四个步骤，然后依次选择并精确标注坐标纸上4个格网点作为控制点，在"参照"面板中分别输入4个控制点的三维坐标数据，进行"设置"后检查各控制点的误差情况，其中坐标数据统一以"米"为单位。

第二组拍摄的影像只处理"工作流程"菜单中的"对齐照片"与"建立密集点云"两个步骤。然后运行"工作流程"菜单中的"对齐堆块"，之后使用点云编辑工具选择并删除两个堆块中拍摄时支撑台面、测量控制板的点云与离散噪点等的密集点云。再运行"工作流程"菜单中的"合并堆块"，选择菜单中的"合并密集点云"选项，软件会生成一个名为"Merged Chunk"的堆块，查看合并后的密集点云是否完整，从不同角度检查是否存在噪点，如果有噪点需要通过选择后删除，再回到"参照"面板中点击"设置"图标进行坐标系设置。最后运行"工作流程"菜单中的"生成网格"与"生成纹理"，完成整件文物的三维重建工作。

根据佛像的三维模型，可以导出俯视、仰视、侧视等的正射影像图，也能够导出某个平面或立面的断面图或剖视图等等（图6.4），如果需要绘制线划图，可以根据这些正射影像图进行描绘。还可以导出平面或各立面的数字表面模型，并由此生成平面或各立面的等值线图（图6.5）。

拍摄可移动文物的多视角影像时，最好不要将文物放置在转盘上，然后在三脚架上架设数字相机进行拍摄。因为在三脚架上拍摄每

第六章 可移动文物的三维重建

图 6.4 佛像各平面、立面正射影像图

图 6.5 佛像的前立面数字表面模型与等值线图

· 97 ·

一圈影像时，影像的背景都相同，数据处理时往往无法生成文物的点云模型。除非使用色调单一、纯净的围挡背景，才有可能生成文物的三维模型。此外，如果已经在同一个台面上拍摄了一件文物的两组多视角影像，而且也不便进行补拍时，可以考虑在影像处理软件中剔除其中一组影像的背景，然后再进行三维重建处理。

运用坐标纸进行控制测量的方法简单易行，但也存在一些问题。首先，坐标纸上放置文物后很难保持纸面平整，影响控制测量的精度；其次，坐标纸一般都是蓝色或橘黄色格网，光线反射后会影响文物的正常色调；第三，坐标纸上规则格网不断重复，对三维重建过程中软件的自动匹配产生干扰，导致平整的坐标纸部分的三维模型产生一些起伏，降低控制测量的精度。

第二节　可移动文物的测量控制板及其精度分析

电子全站仪的测量精度一般是 2~3 毫米，根本无法满足对可移动文物进行控制测量的精度要求，所以不能使用电子全站仪来测量可移动文物三维重建的控制点坐标。实际工作中发现使用坐标纸进行坐标控制的精度也很低，因此需要设计制作专用的测量控制板用于可移动文物的三维重建工作。

设计制作的测量控制板应该选择浅灰色图案，设置有 4 个红、黄标志的控制点和 4 个黑、黄标志的检查点（图 6.6），使用彩色激光打印机将图案打印在较厚的防水聚酯薄膜上，然后与平整的铝合金板（可以考虑使用铝合金鼠标垫进行改造）粘贴在一起。这样的控制板能够在潮湿的墓室、探沟等环境中使用而不会变形。再运用数字显示的游标卡尺精确量测各控制点与检查点之间的距离，检查四边形各对边的长度是否相等，对角线长度是否相等，以便确定四个控制点围成的四边形是否为矩形，最后换算成相对平面直角坐标数值。

第六章 可移动文物的三维重建

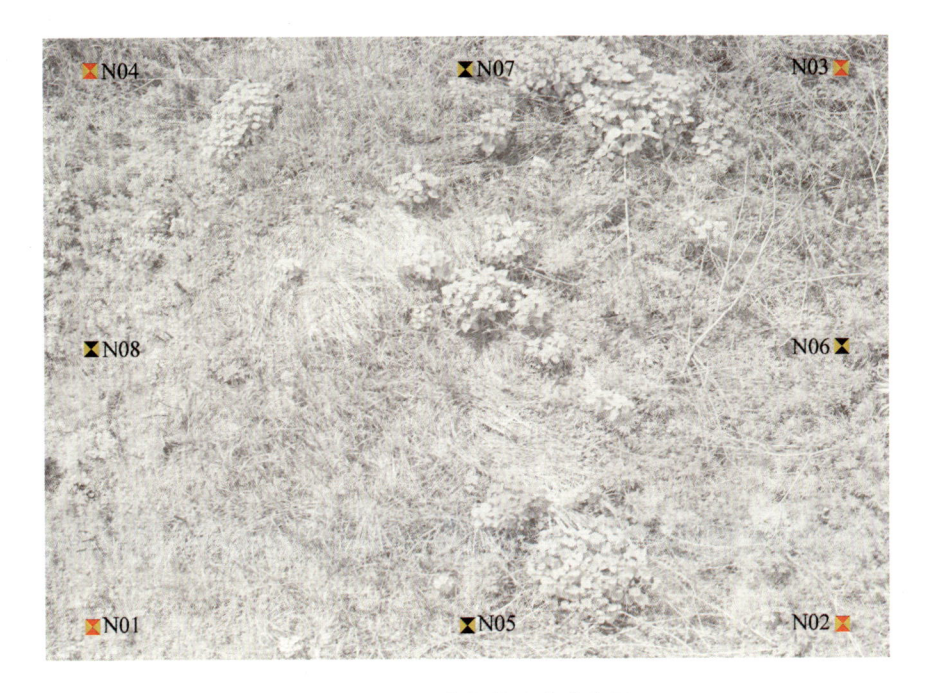

图 6.6 控制点与检查点分布图

由于控制板中的全部控制点与检查点都在同一个平面上，不利于三维重建的高程精度分析，所以在控制板上增加一只纸盒一同进行三维重建，纸盒顶面与侧面标注 4 个黑、黄标志的高程检查点（图 6.7），使用数字显示的游标卡尺精确量测标志中心的相对高程数值（其平面坐标无法精确量取）。然后拍摄一组控制板与纸盒的多视角数字影像，使用 Agisoft Photoscan 软件制作三维模型，在模型上标注控制点与检查点标志中心位置，输入控制点、检查点的三维坐标数值，其中 N01～N08 点的高程值为 0，N09～N12 只输入高程数值。选择控制点 N01～N04 作为控制点（在"参考"面板中选取 N01、N02、N03、N04 前复选框中的选项，其他检查点前复选框中的选项不作选择），进行运算处理之后，统计控制点与检查点的坐标精度（表 6.1）。

图6.7 测量控制板与高程检查点分布情况

表6.1 控制点与检查点的三维坐标与误差数值（单位：米）

点号	X坐标	Y坐标	Z坐标	X误差	Y误差	Z误差
N01	0.000000	0.000000	0.000000	0.000035	-0.000153	0.000064
N02	0.249000	0.000000	0.000000	-0.000095	-0.000046	-0.000064
N03	0.249000	0.178700	0.000000	-0.000047	0.000089	0.000064
N04	0.000000	0.178700	0.000000	0.000108	0.000110	-0.000064
N05	0.124500	0.000000	0.000000	-0.000037	-0.000101	0.000130
N06	0.249000	0.089720	0.000000	-0.000053	0.000054	-0.000067
N07	0.124500	0.178700	0.000000	-0.000005	-0.000031	-0.000040
N08	0.000000	0.089720	0.000000	0.000113	0.000031	-0.000145
N09			0.120300			0.000082
N10			0.114400			0.000055
N11			0.120300			0.000158
N12			0.076850			0.000131

控制测量实验中，使用数字显示的游标卡尺通过目视观测各点间的距离，再换算成控制点与检查点的平面坐标或高程，其精度大约为0.1毫米左右。建立三维模型之后，准确标注各点位置并进行计算，控制点与检查点的平面坐标和高程误差基本上控制在0.1毫米左右，表明Agisoft Photoscan软件生成三维模型与正射影像图等成果的精度应该优于0.1毫米，导出的正射影像图能够满足绘制1∶1可移动文物线划图的精度要求。

测量控制板主要用于可移动文物的多视角三维重建，也能够用于小型石窟、墓室、探方、摩崖石刻等不可移动文物的三维重建工作。拍摄多视角影像时需要注意尽量把控制板摆放水平，其坐标轴方向与文物的正方向一致。

第三节　外形复杂文物的多视角影像拍摄

很多可移动文物的外形非常复杂，其多视角影像需要根据具体的形态特征，采用灵活多样的方式分两组进行拍摄。本节以外形较为复杂的彩陶簋盖为例，介绍多视角影像的拍摄与三维模型制作方法。

拍摄第一组影像时，首先将测量控制板放置在平整、稳定的小台面上，然后在测量控制板上平稳地放置彩陶簋盖，最好把准备生成彩陶簋盖剖视图的方向与控制板边缘（坐标轴）的方向一致。对于比较大的可移动文物，可以将测量控制板水平放置在文物附近。如果对三维重建后文物的色调要求很高，拍摄时还应该摆放标准色卡，以便后期对照色卡调整模型纹理的色调。按照图6.8中红色箭头指示的方向围绕彩陶簋盖拍摄4圈影像；再把彩陶簋盖翻转过来，放在另外一个台面上按照图6.9中红色箭头指示的方向围绕彩陶簋盖拍摄另外4圈影像。

两组影像中的第一圈拍摄5~6幅影像，第二、三、四圈分别拍

考古现场多视角三维重建

图 6.8　拍摄第一组影像的对焦位置

图 6.9　拍摄第二组影像的对焦位置

摄18～20幅影像。整件器物拍摄160～180幅影像即可。其中拍摄第二组影像时不需要使用测量控制板，但是必须与拍摄第一组影像时使用不同位置安放的不同台面上，否则两组影像生成的点云数据就会以共同的台面为参照进行配准，无法生成正确的文物三维模型。拍摄第二组影像时，文物可以倒置，也可以侧立放置，只需让第一次拍摄时与台面接触而无法拍摄的部分远离台面，便于拍摄多视角影像即可。

拍摄过程中需要使用单点、单次对焦模式，先对焦后取景，确保器物的内口沿、外口沿、内壁、外壁等不同部位都有对焦清晰的影像，每幅影像中器物在整个画幅中均占有80%左右比例，切忌把影像中的器物拍摄得比较小或大小差异太大，以便在处理过程中软件能够快速匹配，提高处理速度和模型精度。

三维重建过程与前文石刻佛像的处理方法相同，两组影像分两个堆块分别处理，密集点云拼合后生成网格和纹理，完成彩陶簋盖的三维重建工作。

第四节　导出非坐标轴方向的正射影像图

根据三维模型即可直接导出各坐标轴方向的平面、立面、剖面等正射影像图，但无法直接导出非坐标轴方向的正射影像图，除非对坐标轴的方向进行调整。图6.10是彩陶簋盖的俯视影像图，如果需要导出图中AA'方向的剖面图，则需要对4个控制点的平面坐标进行调整。具体方法是首先在Adobe Photoshop等软件中打开导出的顶面俯视影像图，使用标尺工具量测AA'方向的角度是逆时针30.15°。然后根据4个控制点的平面坐标数据在Auto CAD软件中绘制一个四边形，以西南角控制点（N01）为旋转基点，将四边形逆时针旋转30.15°之后，选中四边形之后，鼠标分别放置在旋转基点之外的三个控制点上，控制点颜色改变后，屏幕左下角状态栏显示控制点的平面坐标。

图 6.10　坐标转换前导出的俯视影像图

最后在 Agisoft Photoscan 软件中使用旋转后的坐标数值更换之前的控制点平面坐标，进行"设置"后保存，再点击"视图"菜单的"预定义视图"→"顶"，就会发现三维模型是根据旋转后的坐标系方向显示出来，即可直接导出彩陶簋盖的俯视影像图、底面影像图、正立面影像图（图 6.11）。导出正射影像图面板中选择"马赛克"模式导出的正射影像图一般更为清晰。

导出 AA' 方向的剖视影像图与断面图时，需要使用鼠标右键移动模型到"轨迹球"的中心位置，使用矩形选框工具，从下部选择接近一半的模型，通过键盘上的 Delete 键删除，导出"前面 XZ"的正射

第六章　可移动文物的三维重建

图6.11　彩陶簋盖的俯视、侧视影像图

影像图，生成彩陶簋盖AA'方向的剖视影像图（图6.12左）。再使用矩形选框工具，从上部选择接近一半的模型并删除，软件界面上只留下一个横向窄条，导出"前面XZ"的正射影像图，经过后续简单处理后得到彩陶簋盖AA'方向的断面图（图6.12右）。

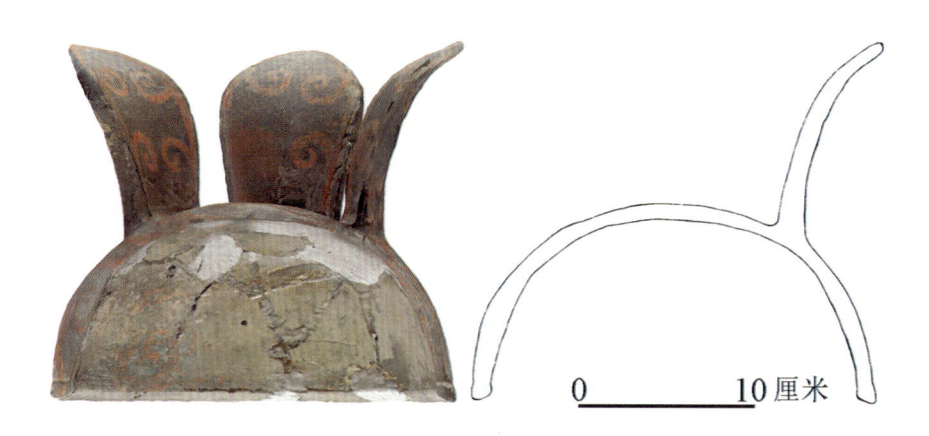

图6.12　彩陶簋盖的剖视图与断面图

· 105 ·

考古现场多视角三维重建

第五节　特殊情况下文物的拍摄与数据处理

一　特殊情况下文物的拍摄

可移动文物的形制多种多样，尺寸差异悬殊，材质各有不同。拍摄多视角影像进行三维重建时就需要针对每件文物的具体特征，采取灵活多样的拍摄方法，才能获得最佳的三维重建效果。一般情况下，反光、透明材质的瓷器、玉器、玻璃器等不易进行多视角三维重建，小口、深腹的器物无法拍摄内部的影像，器物内部无法生成三维模型。

对于重量较大、不便搬动的石质文物等，可以摆放在质地较软的木板上，以免损伤文物表面，随同摆放好的测量控制板一起拍摄第一组多视角影像（图6.13）。然后可以原地翻转文物，使用报纸或薄板

图6.13　拍摄第一组影像时文物摆放情况

第六章 可移动文物的三维重建

材遮挡文物周边的背景部分，再拍摄第二组影像（图6.14）。否则三维重建之前需要将其中一组影像的背景全部剔除，才有可能在"对齐堆块"时将两组密集点云准确对齐。

图6.14 拍摄第二组影像时文物摆放与背景遮挡情况

对于一些类似漆木器等表面较为光滑、色调较深、纹理特征不明显、外形较为细长的可移动文物，拍摄时需要将其放置在背景较为复杂的台面上，或者在文物周围铺一些报纸等以增加背景的纹理。在翻转文物拍摄第二组影像前，需要将所有的报纸也翻过来，以便与第一组影像的背景有所区别（图6.15）。

拍摄过程中，也需要注意使照相机的主光轴尽量不要垂直于文物的某一个表面，使用倾斜拍摄的方式，避免文物表面出现较大的反光面积。同时适当增加拍摄影像的数量和密度，以便能够生成足够数目的密集点云，提高三维重建的精度和效果（图6.15）。

· 107 ·

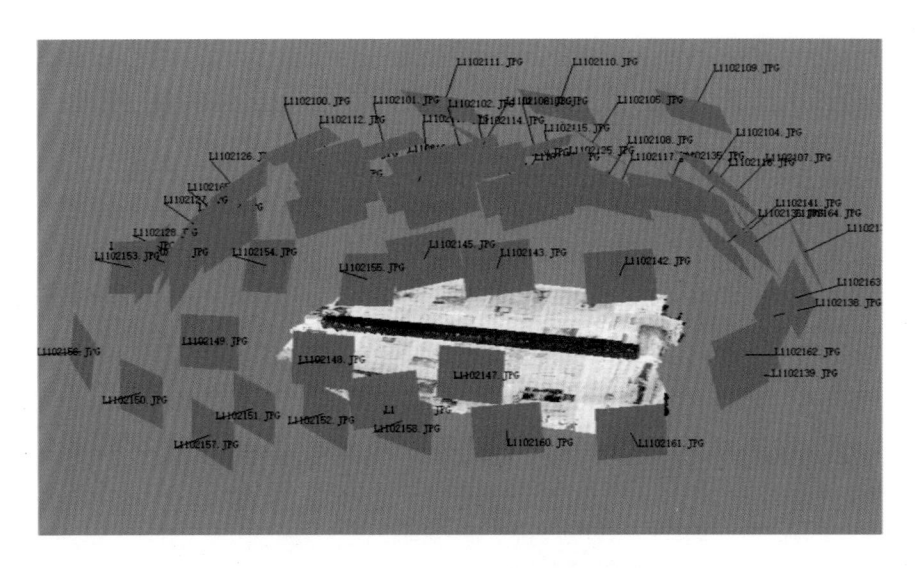

图 6.15　细长、反光文物的拍摄场景

二　不同模型的拼接

有时需要对可移动文物的不同部件进行三维重建，然后再将其拼接在一起，由此就涉及不同模型的拼接问题。

铁足青铜鼎的足部为铁质，往往腐朽严重。修复专家根据鼎足的残存状况和其他史料，制作了鼎足的蜡质模型。

首先需要将青铜鼎与蜡质鼎足模型分别拍摄两组影像，分别制作数字三维模型。然后在 Agisoft Photoscan 软件中，只保留青铜鼎与蜡质鼎足的三维模型两个堆块。并且在青铜鼎上安装鼎足的某一个位置附近选择三个标记点，同时在蜡质鼎足上相应位置也选择三个标记点（图 6.16 中 point 4、point 5、point 6）。

打开"工作流程"菜单中的"对齐堆块"面板，在面板的"方法"选项中选择"基于标记"，然后点击"确定"，完成两个堆块的对齐处理（图 6.17）。

最后打开"工作流程"菜单中的"合并堆块"面板，选择"合并模型"复选框，点击"确定"按钮后生成新的合并堆块（图 6.18）。

第六章 可移动文物的三维重建

图 6.16 青铜鼎与蜡质鼎足上选择的标记点

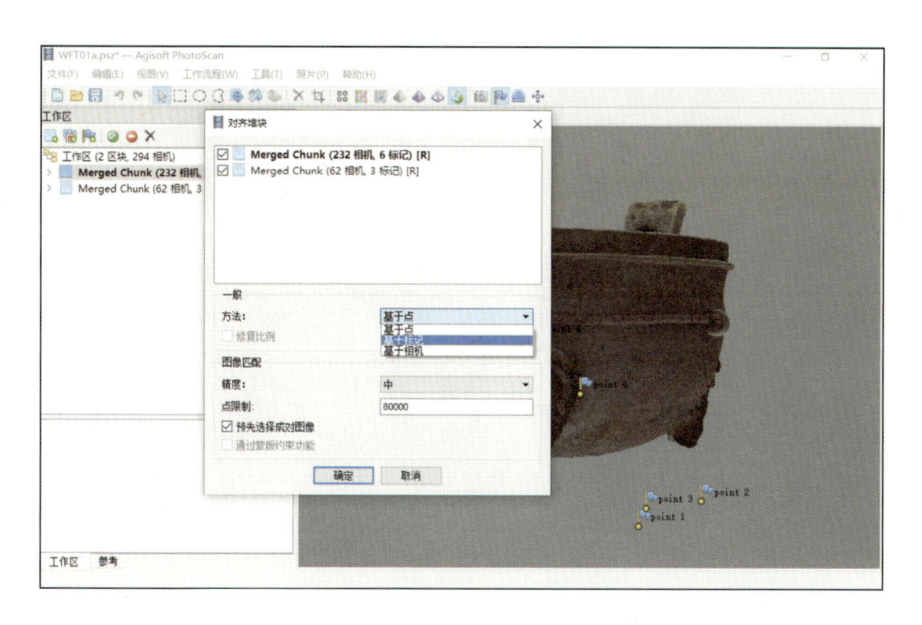

图 6.17 "对齐堆块"面板中选择"基于标记"的对齐方法

· 109 ·

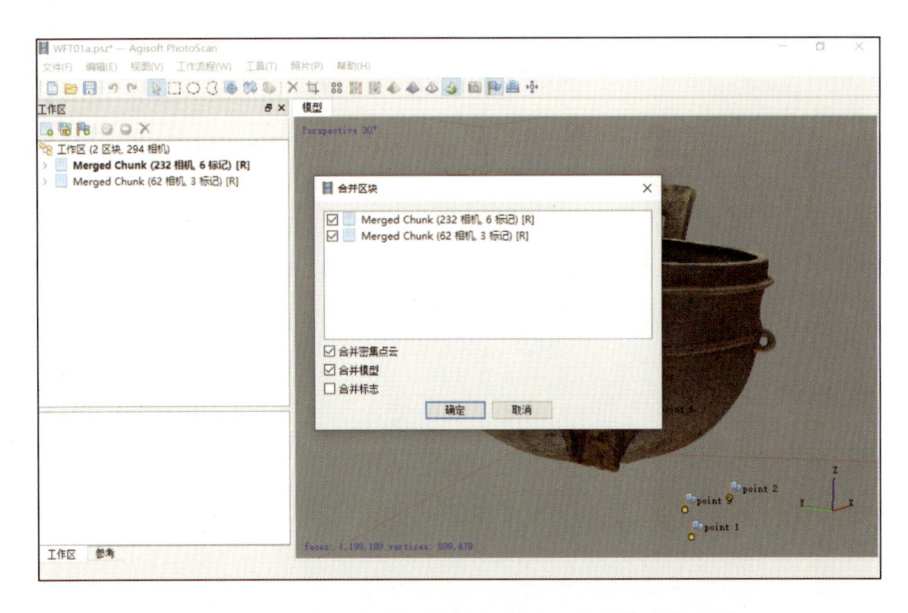

图 6.18 "合并堆块"面板中选择"合并模型"选项

图 6.19 青铜鼎模型与 3 个蜡质鼎足模型合并后的效果

第六章　可移动文物的三维重建

检查合并后的鼎足模型与青铜鼎模型的相对位置是否合理，如果不合理则删除合并的堆块，重新调整或标注标记点的位置后，再进行"对齐堆块"和"合并堆块"处理，直到鼎足位置合理为止。

然后再通过类似的方法安装第二、第三只鼎足，或者说将鼎足模型安装在青铜鼎的第二、第三只鼎足的相应位置（图 6.19）。当然，为了获得更好的效果，可以首先对蜡质鼎足的纹理进行色调处理，使其接近金属铁的质感。

这种方法能够灵活运用，以便合成很多组合的三维模型，为可移动文物的修复、展示、研究等提供支持。

第七章　砖塔类文物的三维重建

砖塔等高大的不可移动文物因其外形尺寸高大、表面结构复杂，三维重建的难度很大。三维激光扫描技术可以制作大型不可移动文物的三维模型，但其存在操作技术难度很大、数据处理周期长、纹理映射精度不高等缺陷，很难在田野考古与文化遗产保护领域得到深入、广泛的运用。

本章以山西省万荣县里望乡南阳村寿圣寺塔和高村乡孤山西麓的槛泉寺塔为例，介绍使用无人机拍摄和地面拍摄多视角影像的技术，制作平面呈八边形和四边形砖塔的三维模型，生成各个立面的正射影像图，量算砖塔整体高度和每层的高度、宽度等尺寸数据，并能够检测砖塔是否倾斜，为这类文物的三维重建与制图提供一种全新的技术和方法。

第一节　现场数据获取

寿圣寺塔位于万荣县里望乡南阳村，原系寿圣寺附属建筑，寺毁存塔。塔坐北朝南，为八角 11 层楼阁式砖塔，总高约 30 余米。塔身一层砖雕仿木结构，柱头施五铺作双抄斗栱，二层以上无斗栱，叠涩出檐。每层正面辟圆形拱门，二至六层每面辟两个方形洞窗，塔刹已毁。

采用多视角影像三维重建技术制作寿圣寺塔三维模型的关键，是围绕砖塔拍摄符合三维建模要求的多视角影像。由于 11 层的寿圣寺塔为八角楼阁式砖塔，每层叠涩出檐，所以无法从地面拍摄各层塔檐上部的影像，必须使用无人机从不同方位、不同高度拍摄塔身的各部位影像。塔檐下部影像可以从地面使用变焦镜头的不同焦距进行拍摄。

现场获取数字影像之前，首先在寿圣寺塔周围的地面上摆放 4 个地面控制点标志，设置相对坐标系的横坐标轴方向与塔身前立面的方向一致，使用电子全站仪在同一测站分别测量并记录 4 个标志板中心位置的相对坐标。

使用无人机进行拍摄时，镜头向下倾斜约 30°，大致正对寿圣寺塔的一角开始自下往上，手动控制无人机一边上升一边拍摄，相邻影像重叠约 70% 左右，拍摄至顶部后移动无人机至塔的相邻一角，一边下降一边拍摄。由于塔的底部宽大，顶部逐渐内收，上升拍摄时向中心逐渐移动，下降拍摄时向外围慢慢移动。如此经过四次升降，沿着寿圣寺塔的八个角拍摄多幅数字影像（图 7.1）。

使用无人机拍摄时照相机镜头向下倾斜，可以拍摄塔身立面和塔檐上部的影像。塔檐下部的影像需要在地面进行拍摄，使用安装有变焦镜头相机，塔身底部使用短焦距拍摄，然后逐渐增加焦距往塔身上部拍摄，每幅影像拍摄塔檐下部及其附近的塔身立面等等（图 7.2）。

由于无人机连续拍摄的影像已经将砖塔基本覆盖，只是塔檐下部有些欠缺，基本上能够建立砖塔的三维模型。所以在地面拍摄影像时就可以不必考虑相邻影像必须达到多少重叠度的问题，只需确保各层塔檐下部的每个部位都有三幅以上的影像有效覆盖即可。

高村乡孤山西麓的槛泉寺塔为方形 11 级密檐式砖塔，塔基为须弥座束腰塔座，一层南面辟拱门，一至四层塔檐下，仿木构砖雕斗栱，五层以上迭涩出檐，各级设有半圆拱门。拍摄槛泉寺塔的多视角影像与拍摄寿圣寺塔的影像类似，首先手持照相机从地面拍摄地面控制点与塔身底部的影像，从下往上逐渐增加照相机的焦距，从地面不同位置拍摄整个砖塔的影像，注意保持相邻影像之间具有足够的重叠。然后使用无人机向下倾斜约 30°进行拍摄，无人机从槛泉寺塔的

考古现场多视角三维重建

图7.1　从无人机上拍摄的砖塔影像

图7.2　从地面上拍摄的砖塔影像

一面中部起飞，一边上升一边拍摄，飞到顶部后转移到相邻一角，一边下降一边拍摄，经过 4 次升降完成拍摄。

槛泉寺塔正前方紧邻两株柏树，为影像拍摄与三维重建工作增加了一些难度。拍摄时需要寻找树枝空隙选择合适的角度拍摄塔身，数据处理时删除柏树生成的点云，除一层迭涩出檐部分稍显不够理想之外，基本上消除了柏树对槛泉寺塔三维重建的影响。

第二节 三维重建与成果导出

在寿圣寺塔工作现场一共拍摄有 380 余幅多视角数字影像，经过初步筛查，剔除同一位置重复拍摄的影像后，选择 368 幅影像进行亮度与反差调整，然后在 Agisoft Photoscan 软件中处理生成整个砖塔的三维模型（图 7.3，图 7.4）。标注控制点位置，分别输入在现场测量的控制点坐标数值，对模型实施三维坐标控制。

根据制作完成的寿圣寺塔三维模型，即可导出砖塔的俯视图、正立面影像图（图 7.5）、侧立面影像图（图 7.6）等数字成果（影像图的分辨率最高可达 2 毫米），为后续文物保护工作中绘制线图、标注病害、施工规划、数据存档等提供支持。

根据寿圣寺塔的三维模型或正射影像图，能够测量塔身的残存高度为 24.26 米，砖塔底层相对两个面之间的宽度为 6.88 米，底层单面宽度为 2.92 米。分析砖塔的正立面影像图，发现砖塔基本上没有左右倾斜；从侧立面影像图（图 7.6）可以看出砖塔明显地向后倾斜，通过对影像图的精确量算，得出寿圣寺塔的向后倾斜角为 1.98 度。

同理，根据槛泉寺塔的三维模型可以导出其正立面正射影像图（图 7.7）、侧立面正射影像图（图 7.8），量测塔身的残存高度为 22.62 米，砖塔束腰底座边长为 4.35 米，正面一层下部边长为 3.81 米，一层上部边长为 3.78 米。塔身基本上无倾斜。

考古现场多视角三维重建

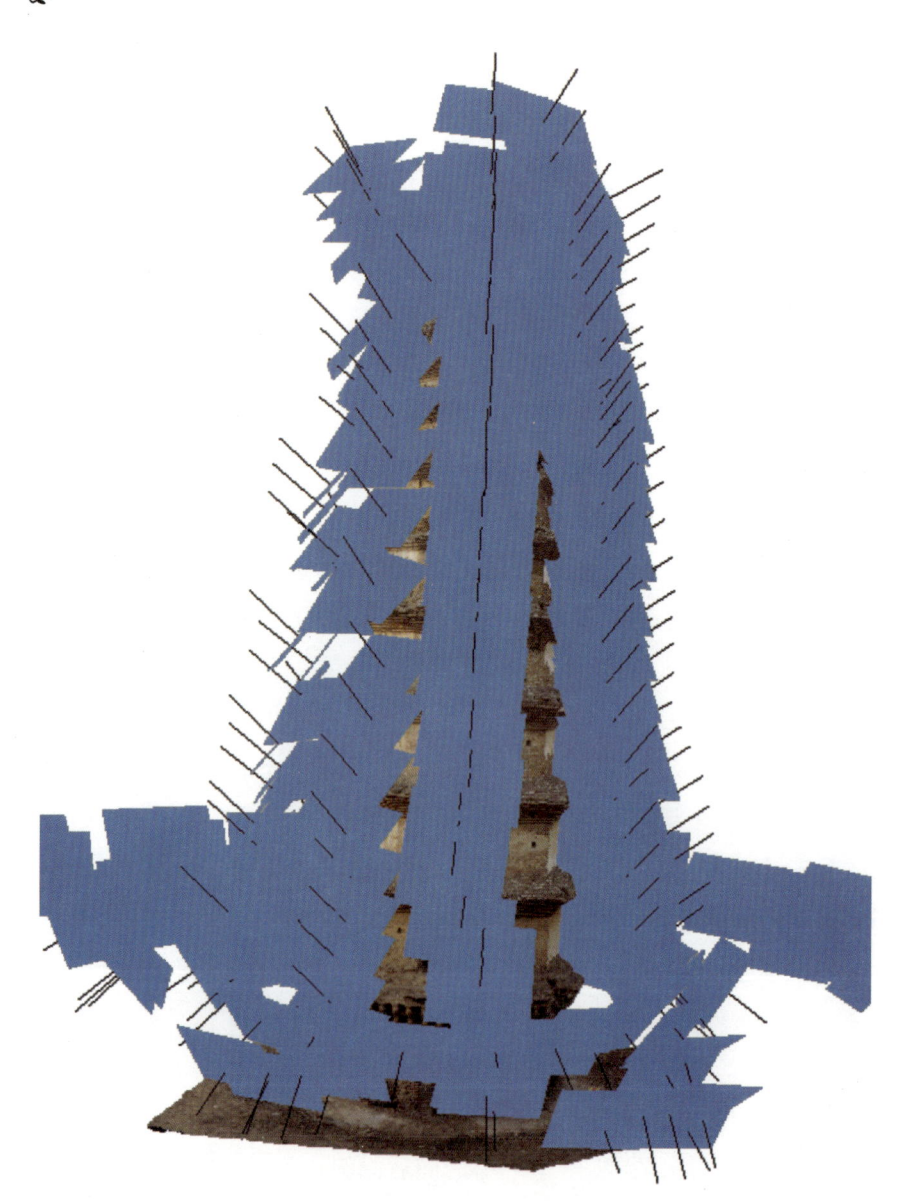

图 7.3　拍摄寿圣寺塔的多视角影像位置图

第七章 砖塔类文物的三维重建

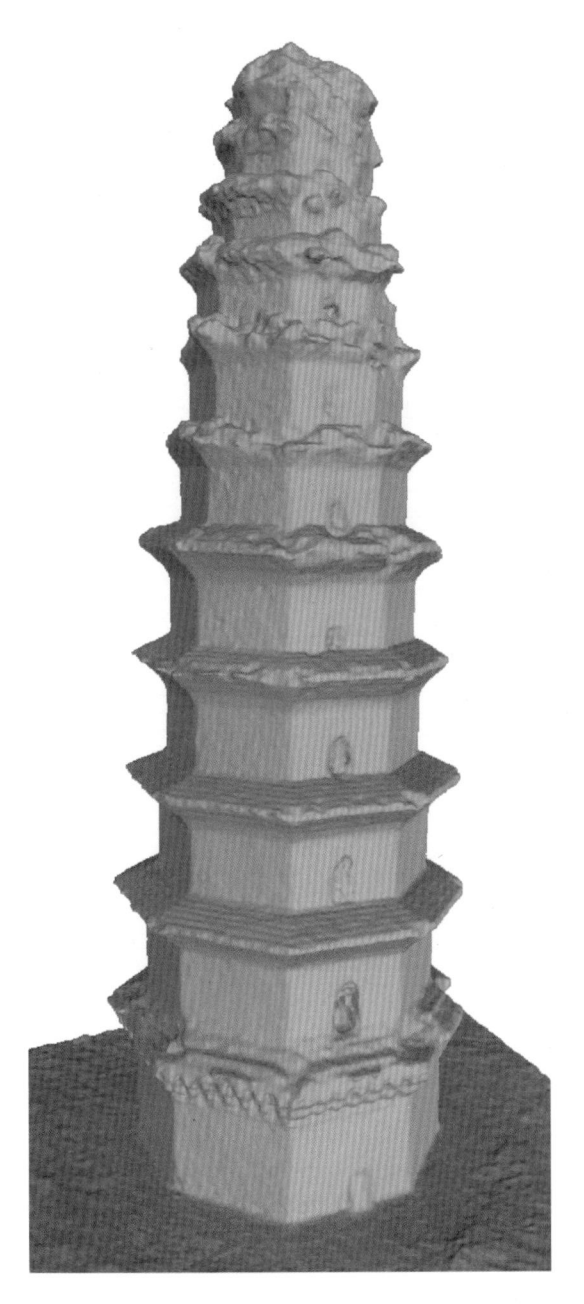

图 7.4 寿圣寺塔的素面三维模型

考古现场多视角三维重建

0   5米

图7.5 寿圣寺塔的正立面影像图

第七章　砖塔类文物的三维重建

0　　　5米

图7.6　寿圣寺塔的侧立面影像图

考古现场多视角三维重建

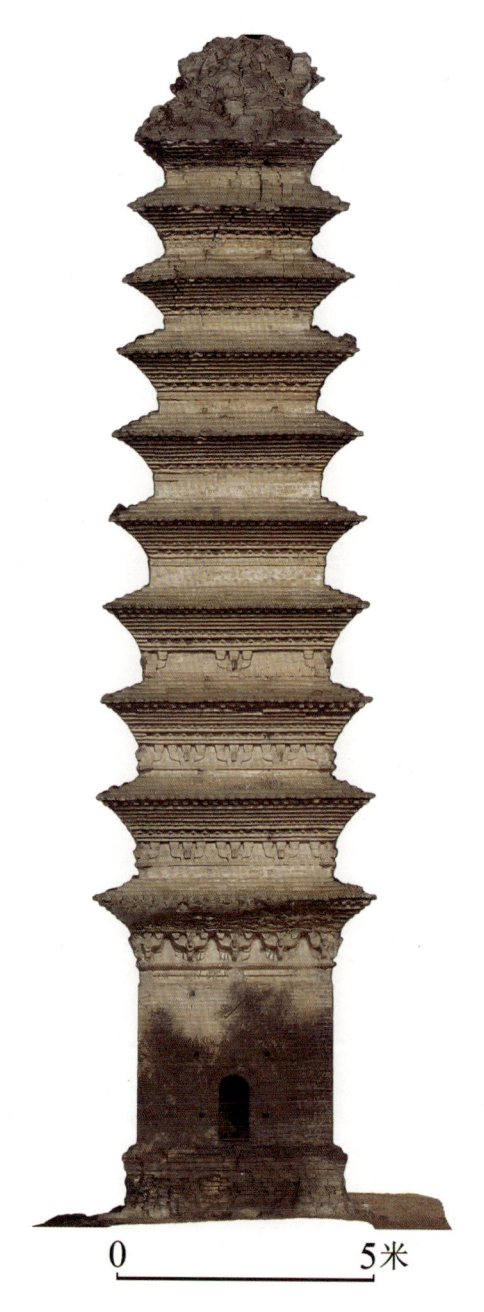

图 7.7 槛泉寺塔的正立面影像图

第七章 砖塔类文物的三维重建

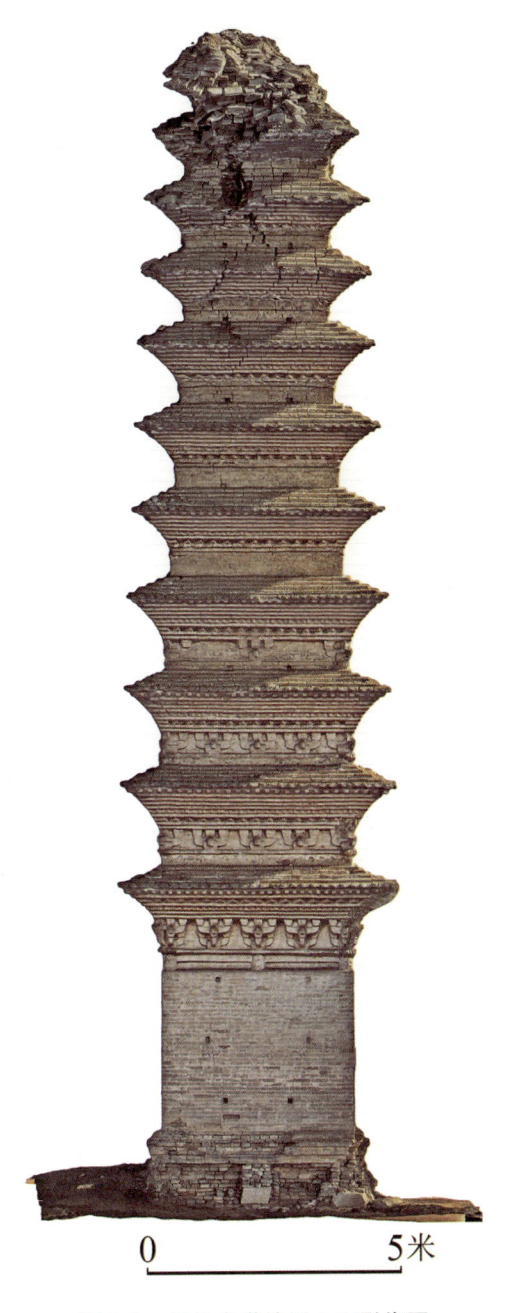

图7.8 槛泉寺塔的侧立面影像图

第三节 小结

运用无人机拍摄、地面拍摄和多视角三维重建技术，可以快速建立砖塔的精确三维模型，为砖塔的调查、保护、规划、存档等工作提供具有真实纹理的三维模型、各立面正射影像图、断面图、各部位测量数据以及原始数字影像等翔实的材料。

使用无人机拍摄技术可以从不同角度、不同高度拍摄高耸的砖塔、摩崖石刻、古建筑等不可移动文物的数字影像，快速建立具有真实纹理的三维模型，全方位获取这类文物的空间信息，实时掌握文物的保存状况与病害侵蚀类型、程度、范围等等，以便更有针对性地制定合理的保护、规划和维修方案。

通过本章探讨，表明多视角三维重建工作中可以使用不同焦距、不同类型的相机拍摄多视角影像，然后将所拍摄的影像全部加载到三维重建软件中进行处理，制作成具有真实纹理的三维模型，这对于拍摄比较高大的古建筑、摩崖石刻等不可移动文物显得非常重要。同时，配合无人机拍摄技术，可以从多角度对高大的不可移动文物顶部、侧面等进行拍摄，避免了三维激光扫描技术需要架设很高的脚手架等问题，能够节约大量的人力、时间和资金等成本。最后，多视角三维重建的点云、纹理都是根据多视角影像的特征点进行匹配、计算等处理后生成，经过匀光处理而生成的纹理精度高，色调真实，制作成的三维模型显得非常逼真、自然，能够真实、全面地记录文物的表面信息。

第八章 结语

考古发掘现场要面临各种尺寸、形状、材质的遗迹、遗物和现象，在对其进行三维重建过程中需要有针对性地设计多视角影像的拍摄方法，精确制作出具有真实纹理的三维模型，为考古学研究和文化遗产的保护、展示等工作提供支持。精确的三维模型必将是数字博物馆建设与展示的重要内容，遗址的调查与发掘现场、出土文物及其遗址周边环境都可以进行三维重建，然后通过立体视频、增强现实、虚拟展示等多种技术，为参观者呈现丰富多彩的内容与身临其境的视觉体验。

多视角影像三维重建技术所需的设备也仅仅是档次稍高的数字照相机、计算机、相关软件等等，操作难度很小，一般人员经过一、两天的培训、练习就能够基本掌握要领，独立开展影像拍摄与数据处理工作。可移动文物三维重建的主要成果应该是具有真实纹理的三维模型，它记录了文物在影像拍摄时的整体信息，在文物存档、展示、保护等方面都具有重要的作用，是数字博物馆建设与展示的主要内容。结合出土文物发掘现场及其遗址周边环境的三维重建，数字博物馆展示的内容可以拓展到考古发掘现场，展示方式可以通过三维模型制作的视频、展示触控屏、立体展示头盔等多种技术，为参观者呈现丰富多彩的内容与奇妙的视觉体验。当然，这种方法并非对所有的可移动文物都能够进行三维重建，对于多层镂雕文物、小口深腹瓶状文物等都无法制作内部的模型。

考古遗址与大范围发掘区的三维重建，相当于将整个遗址或发掘区搬进计算机中，可以对其进行多种操作和全方位展示，为分析和模拟考古遗址的布局特征提供了全新的方法，拓展了考古研究的深度和广度。

考古调查与发掘现场的三维重建既可以建立文化遗产的数字三维模型档案，也可以导出俯视、仰视、正立面、侧立面、剖面等的正射影像图，据此可以直接出版发表，或在绘图软件中绘制各个平面、立面、剖面的线划图，提高绘图的精度和速度。

快速制作的可移动文物俯视、仰视、立面、剖面影像图，具有丰富、精确的器形、纹理信息，相比较传统方法绘制的线划图，具有更加准确、直观、信息量大等优点。所以针对目前很多考古报告由于绘图工作没有完成而影响出版的问题，直接发表正射影像图应该是一种很好的选择。而且现在很多文博、考古的刊物、报告等都采用全彩版印刷，出版正射影像图不会增加印刷成本。

考古绘图工作在无法制作正射影像图、只能出版黑色线划图的年代，为呈现发掘现场遗迹分布、出土文物的器形与纹饰等发挥了重要的作用。但是传统考古绘图方法也存在一些问题，首先是通过卡尺、三角板等量测方法无法保证绘图精度，特别是球面形器物上纹饰的变形、器物很多部位的厚度等无法量测，有时甚至是根据经验来绘制。其次，通过线条来表示文物的器形、纹饰，甚至强化某些特征的方法必然会忽略或丢失很多次要信息，而这些忽略的信息往往正是某些研究方向的学者所关注的内容。第三，目前很多绘图人员尚不能完全理解所绘制文物的文化内涵，一些线划图绘制的效果很不理想。第四，通过线形、符号表示事物的信息量，永远无法与通过影像来表示事物的信息量相提并论，考古学研究讲究看器物、摸陶片，在无法接触实物的情况下，研究影像图肯定比分析线划图更为合理。

第八章 结语

诚然，提出直接出版正射影像图并非拒绝线划图，线划图有时可以作为必要的补充，用来辅助描述影像图不能准确描述之处，影像图中也可以根据需要添加一些线条、符号和注记。考古绘图本身在教学和研究中仍然具有重要的意义，绘制器物的线划图有助于对器形、纹饰以及文化内涵等的正确理解，考古绘图的技术与方法有必要继续探讨。